Gustav F. Röhr

Reisebilder von den Bahnen im

AB – SGA – TB – RHB – RhW

D1720582

's Appezellerlendli.
(Innerrhoder Dialekt)

I wäß em liebe Schwizerland -
E Lendli, Vielne waul bekannt,
Es ischt nüd mechtig, ist nüd groß,
E herzig's Bröckli Bode bloß -
Du chenntsches, gell?
So säg mer's schnell,
Säg: Grüeß Di Gott, mi Appezell!

Ken Kaiser herrscht i ös'rem Land,
Es ischt mit Förschte nüd verwandt.
Was selber öser Volch befehlt,
Als häligstes G'setz ös gelt.
Zo Schotz und Wehr
Vo alters her
Lehrt's so der Appezeller Bär.

Ond Berg hemmer, es ist e Pracht,
Die het de Herrgott selber g'macht.
So groß ond mechtig sönd's wie-n-er,
Drom schickt er sövel Frönti her.
Wenn's Glöckli klingt,
De Gäßbueb singt,
Si Lob zom Himmel ufwäts dringt.

Paläscht seb hem mer lötzel gad
Ond Schlösser, 's ist gwöß nüd schad!
Doch lueg no! Hötte nett ond chli,
G'molt im Regebogeschi,
Het's omenand
Im ganzne Land
Bis dobe a de Felsewand.

Im ganze Lendli Groß ond Chli
Ischt loschtig ond het frohe Si.
Mer fühlid ös as Gotteschend
Ond föndit 's Zaure för ke Sönd.
Em Hirtechleid
Vor Zank ond Leid
Schötz ös de Herr in Ewigkeit.

Rudolf Fastenrath.

(Aus dem illustrierten Liederzyklus "Grüeß Di Gott, mi Appezell!"
Magliaso, 1906)

Vordere Umschlagbilder:
Ein moderner Pendelzug der Trogener Bahn wartet an einem
Frühlingsnachmittag im Bahnhof Trogen auf den Anschlußbus
von Heiden (Foto Falkner)

SGA-Zug zwischen Hirschberg und Sammelplatz – Im Hintergrund das Alpsteinmassiv (Foto Leutwiler)

Hintere Umschlagbilder:
Triebwagen Nr. 24 der Rorschach-Heiden-Bergbahn strebt
durch das winterliche Appenzeller Vorderland Heiden zu
(Foto Röhr)
Personenzug nach Appenzell in der großen Schleife in Urnäsch
(Foto Röhr)

Bildnachweis

Appenzeller Bahn:	8
Bodensee-Toggenburg B.:	84
Brown Boveri, Baden:	3
Foto Gross:	46u, 62o+u, 65m, 66o+m, 67o, 73o, 76o, 77, 88u, 83(2), 89o, 92o, 97o, 100u, 101 (2o+u1), 104m, 106 (2o)
Holderegger:	62m, 63(o+u)
Koch, K.W.:	72u, 92u, 94o, 96u, 103o, 105o, 107u, 108m
Kronbergbahn:	115(2)
Kühne:	50(m+u), 86o
Lanker:	53u, 56(2), 57o, 61o
Leibenger:	101ur, 103u
Leutwiler:	41, 44o, 55u, 57u, 72o, 81o, 90o, 98o
Lueber:	78o, 80m
Luftseilbahn Schwägalp-Säntis:	116u, 117(2)
Mus. f. app. Brauchtum, Urnäsch:	94u
Post Heiden:	47o, ul, 51ul
Rorschach-Heiden Bergbahn:	42(3), 43(2), 45o, 46o, 47ur, 50o
Schneider:	71o
Schweiz. Industrie Gesellschaft:	102o, 106u
Schweizer Reisepost:	51 (o+u), 86 (m+u)
Stehrenberg:	59ol, 61u, 63m, 65(o+u), 68(2), 69u, 74(2), 75(2), 81u, 108u
Studer:	67u, 70o, 71u, 95o, 102m, 104(o+u), 105u, 109
Trogener Bahn:	54(2), 55(o+u), 58(2), 59u
Zellweger, Schoenengrund:	118(3)
Zellweger, Urnäsch:	95m, 97(m+u)
Sammlung:	alle übrigen Bilder

CIP-Kurztitelaufnahme der Deutschen Bibliothek

Reisebilder von den Bahnen im Appenzellerland:
AB – SGA – TB – RHB – RhW / Gustav F. Röhr. –
Krefeld: Röhr, 1986
    (Reihe Reisen mit der Bahn; Bd. 1A)
    ISBN 3-88490-155-9

NE: Röhr, Gustav Bearb.; GT

Copyright ©
Röhr-Verlag GmbH
Brandenburger Str. 10
D-4150 Krefeld 12

Printed in Germany

August 1986

Inhaltsverzeichnis

Zug der SGA auf der Fahrt nach St. Gallen. Im Hintergrund das Alpstein-Massiv.

Das aktuelle RHEIN-BUCH ist da!

Koch/Röhr, **Der Rhein/The Rhine. Verkehrsader im Herzen Europas. Schienenwege und Schiffahrt. By rail and ship through the heart of Europe.**

200 Seiten, 374 Fotos, Karten und Skizzen, davon 52 Fotos in Farbe, Großformat 21,6 × 30,3 cm, (mit einer verdichteten englischen Fassung des Textteils), Reihe „Reisen mit der Bahn", Band 2, ISBN 3-88490-162-1, DM 88,–/sfr. 81,–.

Von der Quelle bis zur Mündung ist das Rheintal eines der beliebtesten Urlaubsgebiete in Europa, und das zu Recht! Vom Alpenrhein längs des Bodensees und Hochrheins, im romantischen Oberrheintal, an Mittel- und Niederrhein bis zur Nordsee finden wir ein einmaliges Kulturgebiet vor. Auch die Verkehrserschließung in dieser Region Europas – Eisenbahn und Schiff – ist in seiner Vielfalt ausgeprägt von den unterschiedlichen Landschaften. Erstmals wird in diesem Buch anhand einer Reise von der Quelle bis zur Mündung das ganze Spektrum der Eisenbahnen und der Schiffserschließung einschließlich der Straßenbahnen dargestellt.

Wer den Rhein liebt, und wer sich gleichzeitig ein wenig für Eisenbahnen und Schiffe oder Straßenbahnen interessiert, muß dieses Buch gelesen haben: Koch/Röhr 'Der Rhein – The Rhine'.

Röhr-Verlag GmbH
Brandenburger Straße 10
D-4150 Krefeld 12

Telefon (Krefeld 02151) 54 73 63
Telex 853823 roehr d

Vorwort

Das Appenzellerland erfreut sich in den letzten Jahren steigender Beliebtheit bei Reisenden und Wanderern aus der Schweiz und dem umliegenden Ausland. Um diesen Touristen die Schönheiten der Landschaft und die Vielfalt der verschiedenen Eisenbahnen darzulegen, wurde diese Schrift zusammengestellt. Die „Verkehrsbüros Appenzellerland" in CH-9050 Appenzell und CH-9063 Stein haben im Kapitel „Appenzellerland individuell" das Appenzellerland und seine Orte mit den wichtigsten Unterkunftsmöglichkeiten und Restaurationen vorgestellt; für weitere Informationen möge sich der Leser an die vorgenannten beiden Büros wenden. Auf den folgenden Seiten werden dann die Eisenbahnen vorgestellt. Dieses Kapitel ist ein Auszug aus dem Buch „Appenzellerland" des gleichnamigen Verfassers. Damit sich der Leser dieser Zeilen eine Vorstellung vom Gesamtwerk machen kann, ist nachfolgend eine kurze Übersicht und das Inhaltsverzeichnis sowie als Auszug eine Seite aus dem technischen Teil des Hauptwerkes abgedruckt.

Krefeld, im Juli 1986

Der Verfasser

Gustav F. Röhr, **Appenzellerland.**

168 Seiten, 304 Fotos, Karten und Skizzen, davon 55 Fotos in Farbe, Großformat 21,6 × 30,3 cm. Reihe „Reisen mit der Bahn", Band I. ISBN 3-88490-158-3, DM 68,–/sfr. 62,60.

In vielerlei Hinsicht sind die beiden Appenzeller Halbkantone in der Ostschweiz nicht nur für die Schweizer von besonderem Interesse. Das gilt auch für das Verkehrssystem dieser zwischen einer faszinierenden Bergwelt und dem Bodensee gelegenen Region: Keine SBB-Strecke und keine Autobahn verbinden das Land am Fuße des Säntis mit seinen Nachbarn. Eine Normalspurbahn, vier Schmalspurbahnen, dazu vier Luftseilbahnen und ein Sessellift sowie eine Vielzahl von Postbuslinien erschließen das Land. Der großformatige Band „Appenzellerland" führt Sie mit Text und großflächigen Fotos, davon über 50 in Farbe, durch das Bergland der beiden Kantone. Detaillierte Hinweise auf landschaftliche und kulturelle Besonderheiten sind in diesem Band ebenso enthalten wie die touristischen Möglichkeiten in Sommer und Winter. Angaben über den Fahrzeugpark sowie Gleispläne der wichtigsten Bahnhöfe runden den Überblick über das Appenzellerland ab.

Aus dem Inhalt:

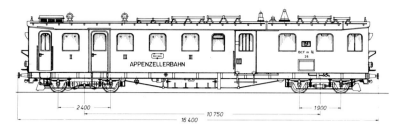

Übersichtszeichnung des Diesel-Triebwagens BCFm 2/4 Nr. 26. Das Foto links zeigt den wieder aufgearbeiteten Triebwagen Nr. 26 jetzt: AB Nr. 56 in Herisau.

Triebwagen Nr. 25 wurde 1956 nach einem Motorschaden auf elektrischen Betrieb umgebaut. ABDe 2/4 Nr. 46, später Nr. 48, hier mit Personenzug in Jakobsbad im Juni 1967.

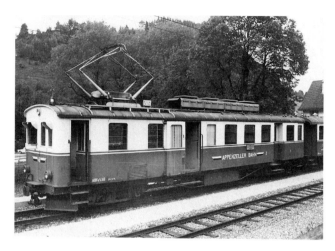

Übersichtszeichnung der Triebwagen ABe 4/4 Nr. 44, 45 der Appenzellerbahn.

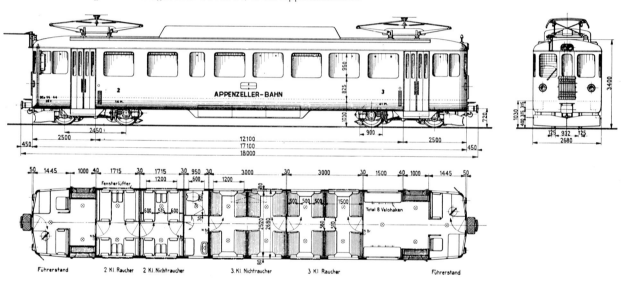

Personenzug mit Triebwagen Nr. 45 auf der Fahrt nach Appenzell.

Der schnelle Überblick

Die Lage des Kantons Appenzell

Die hügelige und erlebnisreiche Ferienregion zwischen dem Bodensee und dem Ostschweizer Hausberg Säntis im Nordosten der Schweiz gelegen, ist das Appenzellerland.

Wie eine Insel im Ozean ist das Appenzellerland vom Kanton St. Gallen umschlossen, so daß vielfältige Bindungen insbesondere wirtschaftlicher Art nicht ausbleiben.

Dennoch hat sich ein unverfälschtes Brauchtum in dieser wohl schönsten und noch unberührtesten Region bis heute erhalten.

Erreichbarkeit

Das Appenzellerland ist verkehrlich gut erschlossen, wenn es auch weder SBB - noch Autobahn - Strecken aufzuweisen hat.

Die Hauptverkehrsströme werden durch den Kanton St. Gallen um diese Insel der Ruhe und Ausgeglichenheit herumgeleitet.

In Gossau, St. Gallen, Rorschach, Rheineck, Altstätten besteht jedoch direkte Übergangsmöglichkeit auf Appenzeller - Verkehrsunternehmen. Die Fahrpläne sind, und das kann man hier ganz besonders feststellen, gut auf die Staatsbahn abgestellt, so daß nie längere Wartezeiten auftreten.

Es sind nicht nur Genf, Basel und Zürich direkt angeschlossen, sondern auch die darüber hinaus gehenden Fernlinien nach Norden und Osten. Von München kommen direkte Schnellzüge über Lindau, Bregenz und Rorschach nach St. Gallen, wogegen von Konstanz aus das Appenzellerland meist nur mit Umsteigen zu erreichen ist. Die Zentralschweiz dagegen wird durch die Bodensee - Toggenburg - Bahn, die in Herisau auch das Appenzellerland berührt, über Wattwil und Rapperswil und den Seedamm direkt angeschlossen.

Der Flugtourist kann in Zürich direkt am Flughafen in die Schnellzüge Zürich - St. Gallen umsteigen und ist auch in einer knappen Stunde im Herzen des Appenzellerlandes.

Für den Autofahrer verlaufen Autobahnen von Zürich über Gossau - St. Gallen und dann am Bodensee vorbei das Rheintal aufwärts Richtung Chur und Tessin und Engadin. Für den Touristen aus Nord - und Westdeutschland empfiehlt sich die Autobahn bis Singen, oder bevorzugt der Autoreisezug bis Lindau, von dem es auch nur noch knapp 1 Stunde bis ins Appenzellerland ist.

„Sönd willkomm" sagt ein Appenzeller, wenn ein Gast sein Haus betritt.

"Sönd willkomm" strahlt auch das ganze grüne Hügelland mit seinen großen einzeln liegenden Bauernhöfen aus.

Ein unberührtes Ferienland ohne Betonbauten, ohne Massentourismus, eine ideale Landschaft, die jeder sich selbst erschließen muß, mit Menschen eines angeborenen Witzes, mit eigenständiger Sprache, reichem Brauchtum und einer Landsgemeinde als Urform der Demokratie, die heute noch voll erhalten und gepflegt wird.

Vom Frühjahr bis Herbst ist das ganze Appenzellerland ein nahezu unerschöpfliches Wander−, Touren− und Klettergebiet. Alle Dörfer haben ausgedehnte markierte und gut unterhaltene Wanderwege, die insgesamt 1 000 km Länge übersteigen. Ergänzt werden diese Wanderwege durch zahlreiche weitere Freizeiteinrichtungen, wie Hallen− und Freibäder, Fitneß− und Tennisanlagen, die alle zur sportlicher Betätigung einladen.

Die bekannten und aussichtsreichen Berggipfel, wie Hoher Kasten, Ebenalp, Kronberg, Säntis oder Hochhamm sind durch Luftseilbahnen erschlossen.

Schöne Dorfplätze, Kirchen und Bürgerhäuser, Kunstgalerien, Museen machen Ausflüge lohnenswert.

Nicht ganz vergessen soll man die nahegelegene Stadt St. Gallen mit ihren modernen Läden, der schönen Altstadt und ihren Sehenswürdigkeiten, wie Kathedrale und Stiftsbibliothek. Im Winter ist das Appenzellerland eine abwechslungsreiche Skiregion für Anfänger und Könner. Nicht nur der Abfahrtsläufer kommt auf seine Kosten mit langen und interessanten Abfahrten von der Ebenalp, Kronberg, Hochhamm, oder von den vielen Schleppliften, die über das ganze Appenzellerland verstreut überall Abfahrtsmöglichkeiten anbieten.

Für den Ski - Langläufer bieten sich nicht nur Ski - Wanderungen im unberührten Schnee an, sondern auch abwechslungsreiche längere und kürzere, ständig gepflegte Loipen. Die größeren Wintersportplätze unterhalten Schweizer Skischulen.

Für den "streßgeplagten heutigen Menschen" bietet darüber hinaus das Appenzellerland in vielen spezialisierten Kurbetrieben verschiedenste Therapien zur Anwendung, besonders für Herz - und Kreislauforgane.

Zur Unterkunft stehen neben Hotels viele Gasthöfe, Ferienwohnungen und Ausflugsrestaurants zur Verfügung, die teils moderne, jedoch auch einfache Unterkunft anbieten. Typische Appenzeller Gaststätten mit ihren niedrigen Stuben laden zum Verweilen ein und bieten eine Gastronomie, die nicht mondän, sondern persönlich, unkompliziert und darüber hinaus auch noch preiswert ist.

Alles in allem ein friedvolles ruhiges und entdeckenswertes Land.

Auch Feste läßt kein Appenzeller freiwillig aus. In allen Jahreszeiten findet der Appenzeller fröhliche Anlässe, die auch entsprechend gefeiert werden.

Es beginnt in Urnäsch, in dem nicht nur am 31. Dezember, sondern gleich noch einmal am 13. Januar auf den nach dem julianischen Kalender der Jahreswechsel fällt, gleich zweimal Sylvester gefeiert wird. Sylvester - Kläuse treiben ihren Schabernack. Am Aschermittwoch wird in Herisau der Gidio Hosestoss verbrannt.

Am Blochmontag (Tag nach Funkensonntag, eine Woche nach der Fastnacht) wird dieser Brauch heute noch jährlich von Kindern in Stein, Hundwil und Schwellbrunn, von Erwachsenen alle zwei Jahre in Urnäsch abgehalten. Ein Baumstamm (Bloch) wird auf sorgfältig geschmücktem Wagen durch mehrere Dörfer gezogen. Kässelibuben im Clownkostüm (Pajas) mit ratternden Sammelbüchsen laufen dem Umzug oft weit voraus. Ein rittlings auf dem Baum sitzender Schmied klopft mit einem Hammer auf

Bahn- und Busstrecken im Appenzellerland

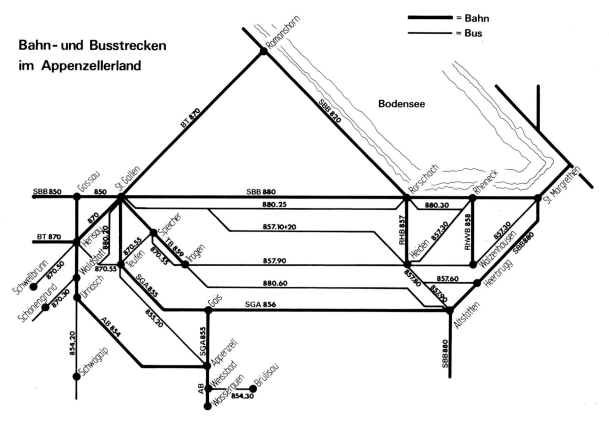

Schemazeichnung der öffentlichen Verkehrsbetriebe im Appenzellerland mit Fahrplannummern.

einen hell klingenden Amboss, schiebt tüchtig Reisig ins Ofenloch und wirft von Zeit zu Zeit krachende Schwärmer in die Luft.

Letzten Sonntag im April tagen die Landsgemeinden von Appenzell A. Rh. in Trogen (alle geraden Jahre) oder Hundwil (alle ungeraden Jahre) und in Appenzell von Appenzell I. Rh.

Trotz des Großaufmarsches an Interessierten und Schaulustigen, welche jeweils am letzten Aprilsonntag die sogenannte Urform der Demokratie miterleben wollen, nimmt der Appenzeller Stimmbürger die Sach— und Wahlgeschäfte an der Landsgemeinde mit dem erforderlichen Verantwortungsbewußtsein und Ernst wahr. In direktem Kontakt zum Bürger hat sich die "hochwohllöbliche" Landesregierung dem Stimmvolke zu stellen und kann am offenen Handmehre erkennen, ob sie über oder mit dem Volk regiert.

Mitte Mai ist in Appenzell die Wallfahrt zur Schlachtkapelle am Stoss zum Gedenken an das Unabhängigwerden der Appenzeller. Die Fronleichnams - Prozession ist der katholische Höhepunkt in Appenzell. Von Ende Mai bis Anfang Juli finden die Alp - Auffahrten statt.

Zu Beginn der Sommerzeit ziehen die Sennen (Bauern) mit dem Vieh in traditionell gegliedertem Zug auf die Alpen. Vorne treiben die "Geissbueb" und das "Geissmeitli" die Ziegen. Es folgen die drei schön geschmückten Schellenkühe, umgeben von mehreren Sennen in farbenfroher Tracht. Den Schluß des Zuges bildet die "Ledi" (Fuhrwerk mit allen für die Milchverarbeitung notwendigen Geschirren und Werkzeugen) mit dem Fuhrmann.

Am ersten Montag nach Jakobi (25. Juli) findet im zwischen Urnäsch und der Schwägalp gelegenen "Rossfall" seit Menschengedenken der Sennenball statt. Dieser festliche Anlaß liegt in der Mitte der Alpfahrtszeit und führt Sennen und Sennerinnen aus der Umgebung zusammen. Die Streichmusik spielt zum Tanz auf. Unter "Zauren"

und Jauchzen dauert das manchmal recht bewegte Fest bis in die Morgenstunden.

Im September findet die Alp - Abfahrt überall im Appenzellerland statt. Anschließend bis in den Oktober hinein sind in fast allen Gemeinden Chilbenen (Volks - Kirmes) und Viehschauen.

Im festlichen Zug ziehen die Sennen mit dem Vieh und in farbenfroher Tracht in die Dörfer, wo dann das Vieh zur Prämierung steht. Die große Viehschau in Appenzell ist am ersten Dienstag im Oktober.

Markttag ist in Appenzell jeden Mittwoch, in Herisau jeden Freitag. Dort gibt es nicht nur einheimische Landesprodukte, sondern es werden darüber hinaus Bekleidung, Schuhzeug und vereinzelt auch Kleinvieh angeboten.

Die appenzellischen Bahnen

Als einzige Kantone weisen Appenzell Ausser— und Innerrhoden keinen Meter SBB—Schienennetz auf. 5 Privatbahnen mit 80 Schienenkilometern erschließen das Appenzellerland. Ausserdem wird Herisau noch von der normalspurigen Bodensee - Toggenburg—Bahn (Romanshorn - St. Gallen - Herisau - Wattwil - Nesslau) bedient.

Auskünfte erteilen:
Appenzeller Bahn, 9100 Herisau, Tel. (071) 51 10 60
St. Gallen - Gais - Appenzell - Altstätten-Bahn,
9053 Teufen, Tel. (071) 33 14 77
Trogenerbahn, 9042 Speicher, Tel. (071) 94 13 26
Rorschach - Heiden—Bergbahn, 9410 Heiden,
Tel. (071) 91 14 92
Bergbahn Rheineck - Walzenhausen, 9410 Heiden,
Tel. (071) 91 14 92
sowie alle Bahnstationen, wo auch Prospekte und Taschenfahrpläne erhältlich sind.

	AB	SGA	TB	RHB	RhW
Betriebseröffnung	12.4.1875	1.10.1889	10.7.1903	6.9.1875	27.6.1896
Technische Daten:					
Spurweite	1000 mm	1000 mm	1000mm	1435 mm	1200 mm
Traktionsart	Adhäsion	Adh/Zahnr	Adhäsion	Adh/Zahnr	Adh/Zahnr
Stromart: Gleichstrom	1500 V	1500 V	1000 V	15 000 V Wechselstrom	600 V
Betriebslänge	32,1 km	27,7 km	9,8 km	7,1 km	1,9 km
Größte Neigung	37 ‰	160 ‰	75 ‰	90 ‰	252 ‰
Kleinster Kurvenradius	90 m	30 m	25 m	150 m	150
Brücken	37	17	1	3	3
Rollmaterial:					
Pendelzüge	5	4	5	–	–
Triebwagen	6	7	6	4	1
Diesellok	1	–	–	–	–
Dampflok	1	–	–	–	–
Personenwagen	32	24	7	11	–
Güterwagen	52	55	17	–	–
Rollböcke	16	–	–	–	–
Stationen und Haltestellen	14	21	12	8	3
Höchstgelegene Station/Haltestelle	899 m ü.M.	971 m ü.M.	938 m ü.M.	800 m ü.M.	672 m ü.M.
Tiefstgelegene Station/Haltestelle	638 m ü.M.	430 m ü.M.	667 m ü.M.	399 m ü.M.	405 m ü.M.

Postautolinien und Luftseilbahnen

Nebst den Bahnen sind auch 16 Postautolinien mit insgesamt 194 Straßenkilometern sowie 4 Luftseilbahnen und 1 Sessellift wichtiger Bestandteil des Ausflugverkehrs im Appenzellerland (Reihenfolge Postautos gemäß Kursbuch):

Appenzell - Haslen - Teufen - Speicher
Brunnadern - St. Peterzell - Schönengrund - Waldstatt
Heiden - Oberegg - Reute - Heerbrugg
Heiden - Wolfhalden - Lutzenberg - Rheineck
Heiden - Kaien - Wald - Trogen
Heiden - Oberegg - Reute - Altstätten SG
Heiden - Wolfhalden - Walzenhausen - St. Margrethen
Heiden - Grub - Eggersriet - St. Gallen
Heiden - Rehetobel - St. Gallen
Heiden - Oberegg - St. Anton - Wald - Heiden
Herisau - Schwellbrunn
Herisau - Hundwil - Stein - Teufen - Speicher - Trogen
Nesslau - Rietbad - Schwägalp
St. Gallen - Stein - Hundwil - Herisau
Urnäsch - Schwägalp
Weissbad - Brülisau

Luftseilbahnen	in Betrieb seit	Länge m	Höhendiff. m	Fahrzeit Min.
Schwägalp - Säntis	1935	2307	1123	10
Wasserauen - Ebenalp	1955	1514	723	8
Jakobsbad - Kronberg	1964	3223	772	8
Brülisau - Hoher Kasten	1964	2716	857	10
Schönengrund - Hochhamm (Sessellift)	1965	1345	328	15

Appenzellerland
individuell

and und Leute kennenlernen

azieren – Wandern – Bergsteigen

iren – Baden – Heilen

Appenzellerland
heimeliges Ferienland

Auch zum Auftauen

Appenzeller   *Der Apérozeller ...kommt immer gelegen*

Appenzeller, der Apérozeller, schmeckt gut und macht Spass. Kühl getrunken, mit oder ohne Eis, sec oder gespritzt, zeigt er sich von der besten Seite – bei jeder Gelegenheit und überall. Appenzeller wird ohne künstliche Zusätze aus 42 Kräutern und Gewürzen hergestellt.

Allgemeine Hinweise und Bestimmungen

Folgende Hinweise und Bedingungen sind Bestandteil des Reisevertrages zwischen dem Reiseteilnehmer und dem veranstaltenden Reiseunternehmen. Für den Kunden wird der Vertrag bei seiner definitiven Buchung, für das Reise- oder Verkehrsbüro bei der definitiven Bestätigung des Auftrages verbindlich.

Anmeldung

Erfahrungsgemäss sind zahlreiche Hotels oft frühzeitig ausverkauft. Wir empfehlen Ihnen daher, sich so früh wie möglich anzumelden. Bei der Anmeldung ist gleichzeitig eine Anzahlung von 25% des Rechnungsbetrages zu leisten. Der Restbetrag unserer Rechnung ist nach Erhalt der Reisedokumente, spätestens jedoch vor Anreise zahlbar, kurzfristige Buchungen sofort nach Empfang der Rechnung. Spesen bei kurzfristigen Buchungen gehen zu Lasten des Kunden.

Abmeldung

Bei Annullierung einer Festanmeldung oder bei Änderungen des Reisedatums, Umbuchung der Unterkunft, erheben wir zur Deckung des Arbeitsaufwandes und der Spesen eine Gebühr von Fr. 40.– pro Auftrag. Ausserdem müssen wir bei Rücktritt des Reisenden später als 7 Tage vor dem Ferienbeginn noch die effektiven Kosten in Rechnung stellen, in der Regel 1 bis 3 Übernachtungen. Gemäss Schweiz. Hotelierverein ist der Hotelier berechtigt, bei früherer Abreise ebenfalls 1 bis 3 Übernachtungen in Rechnung zu stellen.

Versicherungen

Wir beraten Sie gerne über Reisegepäck-, Annullierungskosten- und Unfallversicherungen und stellen Ihnen die gewünschten Policen aus.

Haftung

Das vorliegende Programm ist von der zentralen Reservierungsstelle Appenzellerland individuell und Ihrem Reise- oder Verkehrsbüro in deren Eigenschaft als Verbindungsstelle zwischen dem Kunden einerseits und den Leistungsträgern (Hotels) andererseits aufgestellt. Daher haftet die zentrale Reservierungsstelle bei irgendwelchen Unfällen, Verletzungen, Beschädigungen, Verlusten oder bei Abhandenkommen von Gepäck oder anderen Gegenständen nur im Rahmen ihrer Sorgfaltspflicht. Die Haftung beschränkt sich auf den unmittelbaren Schaden, jedoch maximal

bis zur Höhe des einbezahlten Reisepr Programm- und Preisänderungen sind wahrscheinlich, bleiben jedoch vorbeh. Kann eine Leistung aus zwingenden Grü nicht erbracht werden (höhere Gewalt wird der einbezahlte Betrag rückerst unter Ausschluss jeglichen Schadeners In jedem Fall sind wir jedoch bemüht, I ein gleichwertiges Ersatzprogramm zu rieren.

Gerichtsstand

Gerichtsstand ist Stein AR. Schweizeris Recht ist anwendbar. Mit dem Kauf Arrangements anerkennen Sie unsere F und Leistungsbedingungen.

Organisation

Zentrale Reservierungsstelle Appenzeller individuell (Verkehrsbüros Appenzeller 9063 Stein/9050 Appenzell.

Beratung und Anmeldung:

Appenzellerland individuell

zellerland, heimeliges Ferienland zwischen Bodensee und Säntis. Hier verbinden sich landschaftliche
mit mildem voralpinen Klima und idealer Höhenlage zu einem bevorzugten Wander-, Touren- und Erho-
gebiet abseits der grossen Rummelplätze. Zur eindrücklichen Landschaft des Appenzellerlandes gehören die
hen Dörfer und Weiler, ein gepflegtes Brauchtum und eine lebendige Folklore. Unabhängig von Wetter und
zeit gibt es viel zu entdecken und erleben. Zahlreiche Anlagen laden im Sommer wie im Winter zu sportli-
etätigung ein. Bahnen und Postautos führen zu lohnenden Ausflugszielen und Sehenswürdigkeiten.
persönlich geführten Hotels, Gasthäusern und Restaurants sind Sie noch in jeder Beziehung Gast: eine
liche Bedienung ist im preiswürdigen Angebot stets inbegriffen! Überall im Land finden sich gepflegte
wohnungen. Verschiedene Therapien und Prophylaxe gelangen in spezialisierten Kurbetrieben zur Anwendung!
hreise ist Ihr erster Ferientag. Es gibt gute Gründe, mit dem eigenen Auto zu fahren – doch auch von den
lichen Verkehrsmitteln gefahren zu werden. Selbstverständlich lässt sich auch beides verbinden. Neben den
len Anfahrtswegen, wie Autobahn und Autostrassen, ist das Appenzellerland durch die Schiene und PTT
ut erschlossen und daher leicht zu erreichen.
n Sie sich vom Appenzellerland verzaubern. Anregungen dazu soll Ihnen dieser Katalog vermitteln und vieles
werden Sie selbst entdecken.

Wir heissen Sie im Appenzellerland herzlich willkommen!

enerklärung

Verkehrsbüro		Mitglied des Schweiz. Hotelier-Vereins
Hist. Gebäude/Museum		besonders ruhige Lage
Kureinrichtung		ruhige Zimmer
Hallenbad	C	akz. Kreditkarten
Kunsteisbahn/Halle		Saal, Seminar- oder Konferenzräumlichkeiten
Tennishalle		geeignet für Familien
Schwimmbad		Kinderspielplatz
Tennisplätze		geeignet für Behinderte
Skilifte		Kuranwendungen
Langlaufloipe		Parkplätze
Luftseilbahn		Restaurant
Sessellift		Hallenbad
Standseil-/Zahnradbahn		Kegelbahn
Postautostation		Lift
Minigolf		Sauna/Solarium
		Radio in allen Zimmern
		Telefon in allen Zimmern

ept und Gestaltung
hut W. Müllener

- und Panoramaseite
auer & Schoch

sation
and Appenzell Ausser-
sche Verkehrsvereine
und Verkehrsverein
nzell

k
hoop AG, Urnäsch

Appenzellerland.
heimeliges Ferienland

In 7 (oder 3) Tagen Land und Leute kennenlernen –

Herzlich willkommen.

Erlebnisferien

für vielseitig Interessierte, für jung-gebliebene Senioren, im Spätherbst. Entdecken Sie das Appenzellerland und die Appenzeller. Wir begleiten Sie beim Spielen, Basteln, über grüne Wiesen, bei der Gymnastik. Wir senden Ihnen gerne das Detail-programm.

Kletterferien

Im Kletterparadies des Alpsteins für Anfänger und Fortgeschrittene, von Juni – Oktober, wäh-rend 3 und 7 Tagen. Selbstverständlich unter Führung pat. Bergführer. Das Detailprogramm sagt Ihnen mehr.

Familienferienplausch

heisst unser Programm für Väter, Mütter, Kinder. Wir möchten Ihre Familienferien zum unvergesslichen Erlebnis werden lassen. Wandern und kreative Tätigkeit bunt gemischt. Verlangen Sie das Detailprogramm für die Som-mer- und Herbstschulferienzeit.

Winterferien

3- und 7-Tage-Pauschalarrangements zwischen Weihnachten und Neujahr, im Februar und März. Geführte Ski-wanderungen und alpine Skitouren. Skipass für 3 und 7 Tage. 150 km gespurte Loipen. Das Detailprogramm zeigt Vielfalt und Preiswürdigkeit auf.

Appenzellerland Trekking mit Saumtieren

ohne schwere Lasten tragen zu müssen im Alpstein. Ein gemütlicher, geselliger Treck über ein verlängertes Wochenende. Von Juni – Oktober. Fordern Sie das Detailprogramm an.

Detailprogramme und alles Weitere durch: **Verkehrsbüro Appenzellerland, 9050 Appenzell, Tel. 071/87 41 11**

Appenzellerland.
heimeliges Ferienland

Auftanken zwischen Bodensee und Säntis

Baden - kuren - heilen
Kuren für Herz und Kreislauf, Gefäss-Systeme und Bewegungsorgane, Nachbehandlung nach Operationen und innern Krankheiten in guteingerichteten Kurhäusern und Kurhotels. Verschiedene Diätprogramme. Entschlackungskuren, Baden im Mineral-Thermalwasser, Heil- und Wassergymnastik, Unterwassermassagen, diverse Bäder und Kneippanwendungen. Elektrotherapie und Kurse für Chirogymnastik bei Bandscheiben- und Rückenbeschwerden.

Etwas für die Bildung tun
Alte Appenzeller Häuser, schöne Dorfplätze und Kirchen, Brauchtums- und Volkskundemuseen, Galerien und Bibliotheken erzählen eine Menge über die Appenzeller von Gestern und Heute. In Kursen lernen Sie Holzschnitzen, Bauernmalerei, Glasritzen, Aquarellieren und Zeichnen, Fotografieren. Und bei Anlässen mit Appenzeller Volksmusik und Bräuchen der Sennen erleben Sie die noch tiefverwurzelte, lebendige Tradition der Appenzeller.

Gemeinsam wandern über grüne Hügel
Auf geführten Wanderungen lernen Sie das heimelige Ferienland am besten kennen in der für Herz und Nerven günstigen Höhenlage. Geologische Wanderwochen, Pauschalwochen mit Kutschenfahrt, Jassnachmittag, Besuch in einer Weissküferei. Und wenn Sie selbst auf Entdeckungsreise gehen, helfen Ihnen dabei umfassende Wanderführer und -Karten. Luftseil- und Sesselbahnen führen hinauf auf luftige Gipfel mit weitem Rundblick.

Schlank, schön und gesund
Wer sich noch nicht schlank und schön genug fühlt, dem empfehlen wir eine Schlankheitskur, eine Molkenkur oder eine Sport-, Fitness- und Gesundheitswoche mit viel Bewegung, Massagen, Schönheitspflege, Sauna. Chinesische Heilkunde-, Kneipp- und Kräuterwochen führen Sie zu den Kräften der Natur. In Wochenkursen lernen Sie, sich richtig zu ernähren, richtig zu atmen, sich zu entspannen und dabei neue Kräfte zu entfalten.

Detailprogramme und alles Weitere durch: **Verkehrsbüro Appenzellerland, 9063 Stein, Tel. 071/59 11 59**

Appenzell

Appenzell, 785 m.ü.M., ist mit seinen 5000 Ei
nern Hauptort des kleinsten Schweizer Kantons
buntbemalte Häuser prägen das Bild dieses Dor
dem ländliche Idylle und pulsierendes Leben v
sind. Die schmucken Gassen mit den zahlre
Ladengeschäften verlocken zum Flanieren und
Einkaufsbummel.

– Heimatmuseum
– Museum im Blauen Haus
– Retonio's mechanisches Musikmuseum
– Freilichtmuseum
– geheiztes Schwimmbad
– Hallenbad
– Saunas
– Tennishalle
– Minigolf
– Dancing
– Diskothek
– 2 Skilifte
– 8 km Langlauf-Loipe

Hotel Hecht***

Lage: Mitten im Zentrum von Appenzell an der bekannten Hauptgasse.
Einrichtung: Bankett- und Konferenzräumlichkeiten für 300 Personen, Restaurant (auf Wunsch mit Schonkost), TV-Raum, Lift, gemütliche Aufenthaltsräume.
Zimmer: 42 einladende Zimmer (70 Betten), grösstenteils mit Bad oder Dusche und Toilette. Radio und Telefon in allen Zimmern, TV auf Wunsch.
Besonderes: Während den Sommermonaten jeden Samstag Appenzeller Heimatabend.
Besitzer/Direktion:
Maria Hamm und Regula Knechtle.

Romantik Hotel Säntis***

Lage: Direkt am historischen Landsgemeindeplatz von Appenzell an ruhiger Lage.
Einrichtung: Das rustikale Gebäude mit seinen stilvoll eingerichteten Räumlichkeiten bietet eine romantische Atmosphäre und gemütliche Gastlichkeit mit allem Komfort. Bankett- und Konferenzräume für 30, 40 und 100 Personen. Spezialitäten-Restaurant (auch Schonkost) mit Gartenterrasse, TV-Raum, Lift.
Zimmer: Die 33 grosszügig und stilvoll eingerichteten Zimmer (60 Betten) verfügen alle über Bad oder Dusche und Toilette, Radio und Telefon (TV auf Wunsch). Einige Zimmer sind zudem rollstuhlgängig.
Besonderes: Von Juni bis September jeden Freitagabend Appenzellermusik und Sonntagabend Pianococktail.
Besitzer/Direktion: Familie Josef Heeb.

Hotel Löwen***

Lage: Im Zentrum von Appenzell an bekannten Hauptgasse.
Einrichtung: Originell und gepflegte Au haltsräume, Bankett- und Konferenzräum keiten für 20 und 2×60 Personen, Saal 140 Personen, Spezialitäten-Restaurant, TV-Raum, Coiffeur im Hotel, Sauna.
Zimmer: 28 einladend und im Appenze Stil eingerichtete Zimmer (total 60 Betten), mit Bad oder Dusche und Toilette, rollst gängig und ruhig gelegen. TV und Direktw Telefon in allen Zimmern.
Besonderes: Hotel akzeptiert WIR-Che Cerberus-Feuermeldeanlage.
Besitzer/Direktion: Familie Guido Sutter.

ppenzell

tel Appenzell***

Landgasthof Mettlen**

Hotel Adler**

**: An ruhiger Lage direkt am historischen
sgemeindeplatz von Appenzell.
ichtung: Der im Appenzellerstil erstellte
bau besticht durch eine elegante Innen-
chtung: die historisch original nachge-
e Hildebrandt-Stube, das Wiener-Café/
aurant mit Gartenterrasse, Bankett- oder
erenzräumlichkeiten für 20 bis 30 Perso-
Lift, eigene Konditorei im Hause.
mer: 16 stilvoll eingerichtete Zimmer (31
en), alle sehr ruhig und mit Radio, TV und
on, teilweise rollstuhlgängig.
tzer/Direktion: Familie Leo Sutter.

Lage: Am Dorfrand von Appenzell, an ruhiger
Lage.
Einrichtung: Rustikales Restaurant mit Garten-
terrasse. Gesellschaftsraum für 60 Personen.
TV-Raum.
Zimmer: 30 heimelige Zimmer (60 Betten),
alle mit Dusche und Toilette.
Besonderes: Spezialitäten, auch Schonkost.
Direktion: Familie Luigi Casanova-Diaz.

Lage: Im Dorfkern von Appenzell am Adler-
platz, unweit des Bahnhofs.
Einrichtung: Restaurant mit Gartenterrasse,
Saal für bis zu 60 Personen, TV-Raum, Lift, Garten, hoteleigene Garage.
Zimmer: 19 gepflegt eingerichtete Zimmer (36
Betten) mit Bad oder Dusche und WC, teilweise nur mit fliessend Wasser. Alle Zimmer
verfügen über Radio und Telefon.
Besonderes: Eigene Konditorei und Bäckerei
im Hause mit vielen Appenzeller-Spezialitäten.
Besitzer/Direktion: Familie H. Leu.

Appenzell

Appenzell, 785 m.ü.M., ist mit seinen 5000 Ei
nern Hauptort des kleinsten Schweizer Kantons
buntbemalte Häuser prägen das Bild dieses Do
dem ländliche Idylle und pulsierendes Leben
sind. Die schmucken Gassen mit den zahlre
Ladengeschäften verlocken zum Flanieren un
Einkaufsbummel.

- Heimatmuseum
- Museum im Blauen Haus
- Retonio's mechanisches Musikmuseum
- Freilichtmuseum
- geheiztes Schwimmbad
- Hallenbad
- Saunas
- Tennishalle
- Minigolf
- Dancing
- Diskothek
- 2 Skilifte
- 8 km Langlauf-Loipe

Hotel Taube**

Lage: Im Herzen des Dorfes Appenzell, an ruhiger Lage beim Postplatz.
Einrichtung: In unserer orginellen und heimeligen Appenzellerstube fühlen Sie sich wohl. Saal für 60 Personen, Lift, TV-Raum. Für Hochzeiten und Gesellschaften die ideale Gaststube. Hauseigene Sauna.
Zimmer: Das Gasthaus Taube bietet Ihnen neue, komfortable Zimmer (30 Betten), grösstenteils mit Dusche und WC, Telefon und Radio.
Besonderes: In den Sommermonaten jeden Mittwoch Appenzeller-Heimatabend.
Besitzer/Direktion: Fam. J. Räss-Fuchs.

Gasthaus Hof

Lage: Im Zentrum, an ruhiger Lage in der Nähe des historischen Landsgemeindeplatzes, 5 Gehminuten vom Bahnhof.
Einrichtung: Heimelige Räumlichkeiten im Appenzeller Stil. Restaurant mit grosser Gartenterrasse. Appenzeller Spezialitäten. Preisgünstige, mit allem Komfort ausgestattete neue Touristenlager verschiedener Grösse. Separater Aufenthaltsraum, Ski- und Veloraum.
Zimmer: 60 Matratzenlager in rustikalem Stil, unterteilt in 6er- und 8er-Zimmer. Etagendusche.
Besonderes: Unterkunft- und Restaurationslokalitäten speziell geeignet für Sportgruppen, Vereine, Familien, Schulen. Restaurant unterteilbar für 10, 50 und 60 Personen. Vollautomatische moderne Kegelsportanlage. Kinderspielplatz. Tierfreundlich.
Besitzer/Direktion: Johann-Dörig-Scheier.

Gasthaus Freudenberg

Lage: Am Dorfrand von Appenzell, an er
ter Lage, mit prächtiger Aussicht auf Appe
und Umgebung.
Einrichtung: Gartengrill mit grosser, teils
deckter, teils offener Terrasse. Saal für 4(
80 Personen.
Zimmer: 8 Zimmer (16 Betten) teils mit
oder Dusche und WC.
Besonderes: Speziell ruhige Lage, inmitter
Skigeländes Sollegg.
Besitzer/Direktion: Familie Willi Schiegg

ppenzell

tel Stossplatz

: An ruhiger Lage, zentral, am Fusse des
ebietes Sollegg.

ichtung: Rustikaler Gesellschaftsraum in
aglicher Atmosphäre (Cheminée). Heime-
Spezialitäten-Restaurant (Bachforellen im
mer, Wild im Herbst).

mer: 11 gepflegte Zimmer (22 Betten) mit
Dusche und WC. Alle Zimmer mit Radio
Telefon.

nderes: Günstiger Ausgangspunkt ins
dergebiet für Bahnreisende und Auto-
isten.

zer: Familie Norbert Koller-Derungs.

Hotel Rössli, Steinegg

Lage: Steinegg ist das Tor zum Schwendetal
und liegt 1,5 km südöstlich von Appenzell.
Das Hotel Rössli ist idealer Ausgangspunkt für
Ausflüge und Wanderungen in die Bergwelt
des Alpsteins. Bahnstation in der Nähe.

Einrichtung: Gepflegte Aufenthaltsräume,
Restaurant mit Gartenterrasse, Pizzeria (50
Plätze), Saal 65 Plätze, Bankett- und Konferenzräumlichkeiten für 45 Personen, Bar, Dancing (200 Plätze mit Life-Bands), Kegelbahn
und Kinderspielplatz.

Zimmer: 15 komfortabel eingerichtete Zimmer (26 Betten), alle mit Bad oder Dusche und
Toilette, Radio.

Besonderes: Pauschalferienarrangements für
Senioren, Sportfischer erhalten Kurpatente für
Bäche und Seen in der Umgebung.

Besitzer/Direktion: Walter Wild.

Hotel Kaubad***

Lage: Abseits von Lärm und Verkehr, 4 km ob
Appenzell, 1047 m.ü.M. Das Hotel bei einem
Naturschutzgebiet mitten im Grünen, umge-
ben von Wiesen und Wäldern. Gute Zufahrt.
Direkter Ausgangspunkt für Wanderungen.

Einrichtung: Rustikales Restaurant mit Gartenterrasse, Bankett- und Konferenzräumlichkeiten (30/40/70 Personen), TV-Raum, Hallenbad, Sauna, Garten mit Liegewiese,
Kinderspielplatz. Gepflegte Küche mit Saison-
spezialitäten.

Zimmer: Besonders ruhige Zimmer (34 Betten) mit Bad oder Dusche, Toilette, Radio, Telefon. Familienzimmer mit Verbindungstüre,
Ferienwohnung.

Besonderes: Eigene Quelle mit frischem Berg-
wasser. Speziell geeignet zur Durchführung
von Seminarien. Sitzungszimmer mit den
erforderlichen Einrichtungen.

Besitzer: Familie R. Bernold.

Gonten

Schwende

Gonten ist ein aufstrebendes kleineres Dorf und liegt auf 902 m in einem Hochtal zwischen Hundwilerhöhe und Kronberg. Zahlreiche Wanderwege in der nahen Umgebung führen zu landschaftlichen Kleinoden und zu Aussichtspunkten mit Blick in die Berge und zum Bodensee.

Sehr bequem ist der Kronberg mit der Luftseilbahn Jakobsbad-Kronberg zu besteigen. Von dort geht's in leichten Wanderungen von eineinhalb bis drei Stunden wieder zurück ins Tal.

Gonten ist auch ein vorzügliches Wintersportgebiet. Die Kronbergbahn und drei Skilifte dienen dem Skifahrer. Ganz besonders hat sich Gonten aber dem Langlauf verschrieben. 28 km bestgepflegte Loipen und 20 km Skiwanderwege werden für die Gäste präpariert. Der Loipe-Club betreibt die Schweizer Ski-Wanderschule und bietet Dienstleistungen wie Vermieten von Ausrüstungen, Wachs-Service, usw.

Hotel Bären**

Lage: Im Dorfzentrum von Gonten befindet sich dieses im typischen Appenzeller-Stil erbaute Hotel.
Einrichtung: Geschmackvoll eingerichtete Gesellschaftsräume, Bankett- oder Konferenzräumlichkeiten von 40 bis 80 Personen, TV-Raum, Garten.
Zimmer: 23 Zimmer (43 Betten) mit Bad oder Dusche und WC, einzelne nur mit fliessend Wasser. Die wohnlich und stilvoll eingerichteten Zimmer verfügen über Radio und Telefon.
Besonderes: Bekannt gepflegte Küche mit vielen Appenzeller- und Saison-Spezialitäten (Wild).
Besitzer: Familie Charly Gmünder.

Hotel Jakobsbad***

Lage: Mitten im Grünen am Fusse der Kronbergbahn-Talstation. Sommer und Winter gut erreichbar. Sehr ruhige Lage.
Einrichtung: Gemütliche Aufenthaltsräume mit TV-Zimmer, Lift, Restaurant mit Gartenterrasse (auf Wunsch Schonkost), Bankett- oder Konferenzräume bis 120 Personen, Kinderspielplatz.
Zimmer: 30 gemütlich und komfortabel eingerichtete Zimmer (total 60 Betten), mit Bad oder Dusche und WC, sehr ruhig, Radio und Telefon.
Besonderes: Idealer Ausgangspunkt für Wanderer und Wintersportler. Sonnige Terrasse.
Direktion: Heinz Jäger.

Landgasthof Edelweiss

Lage: Mitten im Grünen an sehr ruhiger doch zentraler Lage, Nähe Bahnstation Skigebiet.
Einrichtung: Gesellschaftsräume mit gem cher Atmosphäre, Restaurant mit Garter rasse, Bankett- und Konferenzräume bis z Personen, TV-Raum, Garten.
Zimmer: 12 heimelige Zimmer (22 Bett alle mit Bad oder Dusche und Toilette, Anschluss, Familienzimmer.
Besonderes: Ein bewährter Familienbet mit vorzüglicher Küche (Spezialitäten, a Schonkost).
Besitzer: Familie Jakob Dörig-Dörig.

Vasserauen

Wasserauen und Schwende sind sehr kleine Dörfer im Schwendetal, wenige Kilometer südöstlich von Appenzell, auf etwas über 800 m.ü.M. gelegen.

Das Schwendetal ist eine richtig bäuerliche Gegend mit Möglichkeiten für Aktiv-Ferien, Ruhe und Erholung. Hier ist der Ausgangspunkt für viele der schönsten Wanderungen in die Berge des Alpsteins.

Am Ende des Tales fährt eine Luftseilbahn zur Ebenalp. Von dort führt ein Wanderweg durch die prähistorische Wildkirchlihöhle, vorbei am Wildkirchli hinunter zum Seealpsee, in dessen klarem Wasser sich die umliegenden Alpen und Berggipfel spiegeln.

Wintersportler finden nebst der Luftseilbahn zur Ebenalp vier Skilifte und 16 km Langlauf-Loipen vor. Die Schweizer Skischule in Schwende unterrichtet in allen Klassen.

otel Alpenblick

e: Abseits der Strasse, an leicht erhöhter ..., inmitten der grünen Wiesen des Schwenales.

richtung: Gemütliches Restaurant, schö Speisesaal, TV-Raum, grosse Terrasse mit k in die Berge.

mer: 17 heimelige Zimmer (30 Betten), mit Dusche und WC, teils mit Balkon.

onderes: Familienbetrieb mit gut bürgerlir Küche, Spezialitäten (Bärlauchspätzle), weizer Skischule, Touristenlager.

itzer: Familie Fredy Fässler-Dörig.

Gasthof Frohe Aussicht

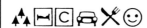

Lage: Der Gasthof liegt erhöht über Bahn und Strasse inmitten grüner Wiesen und lässt Sie frei von störendem Lärm, die prächtige Aussicht auf das Nahe Alpsteingebiet geniessen.

Einrichtung: Gemütliche Atmosphäre, Restaurant mit Gartenterrasse und gutbürgerlicher Küche, Saal 60 Personen, TV-Raum, Lift, Garten.

Zimmer: 17 geschmackvoll eingerichtete Zimmer (30 Betten), alle mit Dusche und Toilette.

Besonderes: Bekannt für sehr ruhige Lage. Familienbetrieb.

Besitzer: Familie Joh. Inauen-Rusch.

Gasthaus Alpenrose

Lage: 5 Minuten von der Endstation der Appenzeller-Bahn und am Ende der Strasse. Ausgangspunkt zum Bergwandergebiet im Alpstein. Ruhige Lage.

Einrichtung: Heimeliges Restaurant, grosse schattige Gartenterrasse, eigener Parkplatz, Saal für 70 Personen.

Zimmer: 15 schöne Zimmer (30 Betten), rollstuhlgängig, teils mit Dusche/WC, 2 Touristenlager.

Besonderes: Nähe Talstation der Luftseilbahn Wasserauen – Ebenalp.

Besitzer: Familie Josef Wyss-Neff.

Weissbad

Weissbad ist ein sehr kleines Dorf im Schwend
wenige Kilometer südöstlich von Appenzell, auf e
über 800 m.ü.M. gelegen.

Das Schwendetal ist eine richtig bäuerliche Ge
mit Möglichkeiten für Aktiv-Ferien, Ruhe und
lung. Hier ist der Ausgangspunkt für viele der sc
sten Wanderungen in die Berge des Alpsteins.

Am Ende des Tales fährt eine Luftseilbahn zur Ebe
Von dort führt ein Wanderweg durch die prähi
sche Wildkirchlihöhle, vorbei am Wildkirchli hin
zum Seealpsee, in dessen klarem Wasser sich
umliegenden Alpen und Berggipfel spiegeln.

Wintersportler finden nebst der Luftseilbahn
Ebenalp vier Skilifte und 16 km Langlauf-Loiper
Die Schweizer Skischule in Schwende unterricht
allen Klassen.

Landgasthof Gemsle

Lage: Mitten im Dorfzentrum von Weissbad an
sehr ruhiger und verkehrstechnisch günstiger
Lage.
Einrichtung: Der neu renovierte Landgasthof
bietet gemütliche Gesellschaftsräume, Restau-
rant mit Gartenterrasse, Bankett- oder Konfe-
renzlokale von 20 bis 150 Personen, TV-Raum,
Garten mit Kinderspielplatz.
Zimmer: 15 Zimmer (26 Betten), teilweise mit
Bad oder Dusche und Toilette, sehr ruhig.
Besonderes: Gepflegte Küche.
Besitzer: Familie B. Dörig-Räss.

Hotel Weissbadbrücke

Lage: Ein zentraler Ausgangspunkt für Spazierwege und Bergwanderungen ins Alpsteingebiet.
Einrichtung: Romantisches, im Bauernstil
erbautes Restaurant für 80 Personen, unterteilbar für kleine Gesellschaften, TV-Raum,
am Bergbach gelegene Gartenterrasse, Liegewiese.
Zimmer: 13 Zimmer (26 Betten) mit Bad oder
Dusche/WC, zum teil einfache Zimmer mit
Etagen-Bad/WC, Balkon.
Besonderes: Gut geführter Familienbetrieb
mit ausgezeichnet gepflegter Küche, Fisch-
spezialitäten (während der Fangzeit Bachforellen).
Besitzer: Familie Gmünder.

Hotel Garni Loosmühle

Lage: Im Zentrum von Weissbad, am /
gangspunkt für Tal- und Bergwanderunger
Einrichtung: Gemütliches Restaurant, Saa
60 Personen, Frühstücksgebäck aus eige
Bäckerei.
Zimmer: 12 heimelige Zimmer (24 Betten)
Bad oder Dusche/WC, 12 Touristenlager.
Besonderes: Beliebter Treffpunkt für Freu
der Ländlermusik. Ganzjährig jeden Sonn
nachmittag volkstümliche Musik.
Besitzer: Familie A. Dobler-Rusch.

Brülisau

Brülisau, seit der Eröffnung der Luftseilbahn Brülisau – Hoher Kasten ein Kurort mit beinahe allem nötigen Drum und Dran geworden, ohne die Eigenschaft des ruhigen und heimeligen Bergdorfes verloren zu haben.

Das «Oberdorf», wie Brülisau von den Innerrhodern genannt wird, bildet das Tor des Alpsteins. Viele Bergwanderer oder Ausflügler vom In- und Ausland werden in den Hotels Krone, Rössli und Hoher Kasten zur besten Zufriedenheit bedient.

Mit dem Auto erreicht man Brülisau über Appenzell – Steinegg oder Appenzell – Weissbad. Die Bahnzufahrt führt bis Weissbad und ein Autokurs nach Brülisau.

Das Wahrzeichen von Brülisau ist der Hohe Kasten. Der Hohe Kasten, die «Rigi der Ostschweiz», bietet einen unvergesslichen Blick ins Rheintal, die Tiroler-, Bündner- und Glarneralpen, das schweizerische Mittelland, den Bodensee und weit hinaus nach Süddeutschland. Die prachtvolle Aussicht auf die drei Alpsteinbergketten bildet ein einmaliges Erlebnis. Im Sommer ist der Hohe Kasten Ausgangspunkt abwechslungsreicher Bergwanderungen.

otel Krone

Lage: In nächster Nähe der Luftseilbahn-Talstation Brülisau – Hoher Kasten, an ruhiger Lage, Postautohaltestelle.
Einrichtung: Grosses Restaurant mit Terrasse, typikale Kronenstube, grosser Parkplatz direkt bei dem Haus.
Zimmer: 30 einfache Zimmer (58 Betten), Touristenlager für 70 Personen.
Besonderes: Idealer Ausgangspunkt für Tal- und Bergwanderungen.
Besitzer: Familie Fässler-Wild.

Gasthaus Rössli

Lage: Das heimelige Gasthaus Rössli, 7 km von Appenzell, zentrall und doch ruhig gelegen.
Einrichtung Gemütliches Restaurant, grosse Gartenterrasse, Säli (50 bis 60 Personen) für Bankette, Hochzeiten und Vereinsanlässe, gepflegte Küche mit preiswerten Tellergerichten und à-la-carte-Spezialitäten.
Zimmer: 9 freundliche Zimmer (18 Betten), alle mit Dusche/WC.
Besonderes: Schöner Kinderspielplatz, grosser Parkplatz auch für Cars.
Besitzer: Familie Werner Fässler-Eugster.

Berghotel Hoher Kasten

Lage: Bergstation der Luftseilbahn Brülisau – Hoher Kasten, auf 1795 m.ü.M.
Einrichtung: Restaurants mit 450 Sitzplätzen, ideale Räumlichkeiten für Gesellschaftliche Anlässe, Panoramarestaurant, Sonnenterrasse.
Zimmer: 14 Betten in einfachen Zimmern, grosses Touristenlager.
Besonderes: Spezielle Arrangements für grössere Gruppen (Luftseilbahn/Hotel-Pauschalen), geologischer Wanderweg.
Direktion: Familie Sutter.

Appenzellerland.
heimeliges Ferienland

Bergwandern im Säntisgebiet.
Jede Stunde gut aufgehoben.

Wo immer Sie im Alpsteingebirge – mit dem 2504 m hohen Säntis – wandern, erreichen Sie durchschnittlich jede Stunde ein Berggasthaus. Sie können sich dort bei Speis und Trank stärken sowie übernachten.

Alle Häuser sind komfortabel eingerichtet, mit sauberen Touristenlagern, teilweise auch mit Betten.

Touristenlager-Plätze total 1465, Betten 170.

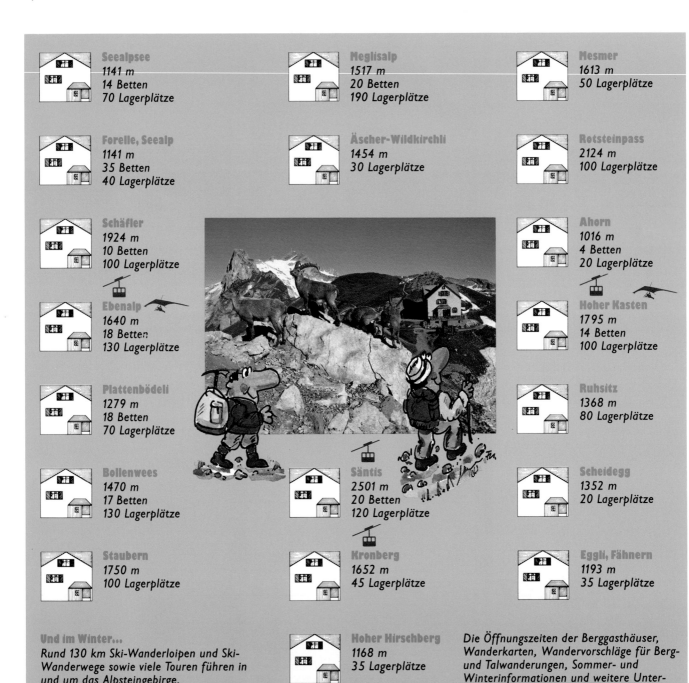

Seealpsee
1141 m
14 Betten
70 Lagerplätze

Meglisalp
1517 m
20 Betten
190 Lagerplätze

Mesmer
1613 m
50 Lagerplätze

Forelle, Seealp
1141 m
35 Betten
40 Lagerplätze

Äscher-Wildkirchli
1454 m
30 Lagerplätze

Rotsteinpass
2124 m
100 Lagerplätze

Schäfler
1924 m
10 Betten
100 Lagerplätze

Ahorn
1016 m
4 Betten
20 Lagerplätze

Ebenalp
1640 m
18 Betten
130 Lagerplätze

Hoher Kasten
1795 m
14 Betten
100 Lagerplätze

Plattenbödeli
1279 m
18 Betten
70 Lagerplätze

Ruhsitz
1368 m
80 Lagerplätze

Bollenwees
1470 m
17 Betten
130 Lagerplätze

Säntis
2501 m
20 Betten
120 Lagerplätze

Scheidegg
1352 m
20 Lagerplätze

Staubern
1750 m
100 Lagerplätze

Kronberg
1652 m
45 Lagerplätze

Eggli, Fähnern
1193 m
35 Lagerplätze

Und im Winter...
Rund 130 km Ski-Wanderloipen und Ski-Wanderwege sowie viele Touren führen in und um das Alpsteingebirge.

Hoher Hirschberg
1168 m
35 Lagerplätze

Die Öffnungszeiten der Berggasthäuser, Wanderkarten, Wandervorschläge für Berg- und Talwanderungen, Sommer- und Winterinformationen und weitere Unterlagen erhalten Sie beim

Kur- und Verkehrsverein, 9050 Appenzell, Tel. 071/87 41 11

Appenzellerland indivi
Mit den Bahnen Land und Leute kennenlernen

Auskünfte und Prospekte sind an den Billettschaltern erhältlich

Appenzeller Bahnen AB/SGA
Tel. 071/51 10 60
Gossau – Herisau – Urnäsch – Appenzell – Wasserauen und St.Gallen – Gais – Appenzell – Altstätten

Trogenerbahn TB
Tel. 071/94 13 26
St.Gallen – Speicher – Trogen

Rorschach-Heiden-Bergbahn RHB
Tel. 071/91 14 92
Rorschach – Heiden

Bergbahn Rheineck-Walzenhausen RhW
Tel. 071/91 14 92
Rheineck – Walzenhausen

Bodensee-Toggenburg-Bahn BT
Tel. 071/23 19 12
Romanshorn – St.Gallen – Herisau – Degersheim – Wattwil – Nesslau

Bildlegende:

rot		Bahnen und Bergbahnen im Appenzellerland
weiss		Strassenverbindungen
▬▬	schwarz	SBB- und BT-Verbindungen
──	schwarz	Postauto-Verbindungen

ell

HOHER KASTEN 1795 m

KAMOR   ④

SÄMTISER-SEE →

BRÜLISAU

MARWEES

ALPSIGEL

SEEALPSEE →

WASSERAUEN →

SCHÄFLER 1924 m

SCHWÄGALP 1352 m ①

STOCKBERG 1781 m

EBENALP 1640 m ③

GERSTANDEN

WEISSBAD

SCHWENDE

LEMEN

KRONBERG 1663 m ②

HOCHALP 1522 m

STEINEGG

CHLOSTERSPITZ

KÄU

JAKOBSBAD 876 m

URNÄSCH 826 m

HOCHHAMM 1275 m

SAMMEL-PLATZ

APPENZELL 789 m

GONTENBAD   GONTEN

ZÜRCHERS-MÜHLE

⑤

SAUL

SCHLATT

HUNDWILER HÖHI 1306 m

SCHÖNENGRUND 844 m

BÜHLER 828 m

SITTER

HASLEN

HUNDWIL

WÄLDSTATT

SCHWELLBRUNN 972 m

ROTBACH

STEIN 827 m

URNÄSCH

TEUFEN 837 m

NIEDERTEUFEN

WILEN

DEGERSHEIM-WATTWIL-RICKEN

LUSTMÜHLE

HERISAU 745 m

SITTER

BRUGGEN

GÜBSENSEE

ST. GALLEN 670 m

SITTER

WINKELN

GLATT

WIL - WINTERTHUR - ZÜRICH

G A I S E R W A L D

ABTWIL

OBERDORF

ENGELBURG

METTENDORF

NIEDERDORF

WITTENBACH

ANDWIL

GOSSAU 636 m

BISCHOFSZELL-WEINFELDEN

WINTERTHUR-ZÜRICH

Luftseilbahn
Schwägalp – Säntis 2502 m
Tel. 071 / 58 21 21

Moderner 100 Personen Kabinen-
bahn auf den höchsten Gipfel der
Ostschweiz. Überwältigende Aussicht
den gesamten Alpenkranz.
Wetterbeobachtungsstation und Fern-
sehanlagen der PTT. Ziel und
Ausgangspunkt der schönsten Alpstein-
wanderungen. Im Winter und Frühling
schöne Skiabfahrten.

LJK Kronbergbahn 1663 m
Tel. 071 / 89 12 89

Von Frühling bis Herbst ist der
Kronberg 1663 m der Wanderberg für
Familien und Gruppen. Gefahrlose
Wege führen nach Schwägalp, ins
Wissbachtal, nach Jakobsbad, Gonten,
Appenzell und Urnäsch.
Im Winter – der Familienskiberg,
5 Skilifte, 23 km präparierte Pisten.

LWE Luftseilbahn
Wasserauen – Ebenalp 1644 m
Tel. 071 / 88 12 12

Ebenalp – die Aussichtsterrasse im
Alpstein. Ausgangspunkt herrlicher
Bergwanderungen. Die weltberühmten
prähistorischen Wildkirchlihöhlen
sind von der Bergstation aus in
wenigen Minuten erreichbar.
Skigebiet für Anfänger und Könner,
4 Skilifte.

LBHK Luftseilbahn
Brülisau – Hoher Kasten 1794 m
Tel. 071 / 88 13 22

Der Aussichtsberg über dem Rheintal.
Prachtvolle Sicht auf die drei Alpstein-
ketten. Ausgangspunkt abwechslungsreicher Bergwanderungen, z.B. zum
Sämtiser- und Fählensee.
1. Geologischer Wanderweg der
Schweiz.

Sesselbahn
Schönengrund – Hochhamm 1274 m
Tel. 071 / 57 10 10

Aussichtspunkt im Wandergebiet des
bewaldeten Hügellandes zwischen
dem Appenzellerland und dem
toggenburgischen Neckertal. Schöne
Aussicht auf das imposante Säntisgebirge und über das Appenzellerland
bis zum Bodensee.
Skigebiet mit zusätzlichem Skilift.
Skiwandergebiet.

Schwägalp/Säntis

 PTT

Der Säntis gehört ins Ausflugsprogramm bei j
Ferienaufenthalt in der Ostschweiz. Dank den vie
gen Möglichkeiten lassen sich aber auch abw
lungsreiche Ferientage direkt am Säntis verbringe

Am Fusse des Säntis, Ausgangspunkt der Schw
bahn, liegt die Schwägalp. Der Besucher finde
schiedene, für jedermann leicht zu begehende
derwege, inmitten einer weiten Alpenlandscha
vielfältiger Tier- und Pflanzenwelt. Die Schwäga
ein Zentrum für lebendiges Sennenbrauchtum
den bekannten Alpfahrten.

Dem Wintersportler bietet die Schwägalp ein id
vom frühen Vorwinter bis in den späten Frü
schneesicheres Langlauf- und Skiwandergeländ
maschinell präparierten Loipen- und Skiwanderz
in unberührter Natur. Der Säntis ist Ausgangspun
hochalpine Skiabfahrten- und Touren ins Alpste
biet. Ein Skilift befindet sich in unmittelbarer I
beim Gasthaus Schwägalp. Mehrere Alpinskige
sind mit PW, Postauto oder Hotelbus in 10–20 Mir
erreichbar.

Die moderne Luftseilbahn bringt sie von der 13
hoch gelegenen Schwägalp auf den 2502 m hohen
tis. Ein imposantes Panorama des gesamten Alpen
zes, von den Allgäuer- über die Österreicher-, B
ner-, Glarner-, Zentralschweizer- und Bernera
zum Jura und dem Schwarzwald – eröffnet sich
Besucher, wie auch ein Blick über das Appenz
Hügelland zum Boden- oder gegen den Züric
Beeindruckend die mächtigen Felskulissen der K
des Alpsteinmassives.

Der Säntis, Ziel und Ausgangspunkt zahlreicher I
touren und Wanderungen mit gut ausgebauten
wegen.

Gasthaus Schwägalp***

⚡ 🏨 C ⬚ ☺ ♿ 🚗 ✕

Lage: Das Gasthaus Schwägalp liegt direkt bei
der Talstation der Schwebebahn am Fusse des
Säntis.
Einrichtung: Auf die Sommersaison 1985 neu
umgebaut, bietet das Gasthaus seinen Gästen
angenehmen Komfort: Saal- und Bankett-
räumlichkeiten für 250–600 Personen,
Restaurant (auch Garten), TV-Raum, Lift.
Zimmer: 32 Zimmer (64 Betten), teilweise mit
Bad oder Dusche und WC. Alle Zimmer verfü-
gen über Radio und Telefon (TV nach
Wunsch). Massenlager bis zu 75 Personen.
Besonderes: Pauschalferienwochen: im Som-
mer mit geführten Wanderungen, Bergtouren,
Wildexkursionen, Steinbock-Fotosafaris – im
Winter mit Langlauf- und Skiwanderungen.
Die Mehrzweckräume eignen sich speziell für
Sport- und Ferienlager.
Direktion: R. + B. Bloch.

Gasthaus Säntis-Gipfel

⚡ ⛰ C ✕

Lage: Eine Übernachtung auf dem Säntisgipfel
mit einem herrlichen Sonnenuntergang und
dem Leuchten eines Sonnenaufganges am
nächsten Morgen kann zu einem unvergesslichen Erlebnis werden.
Einrichtung: Gemütliche Aufenthaltsräume,
ein Restaurant mit Terrasse, TV-Raum und klei-
ner Saal für 35 Personen.
Zimmer: 10 einfache, aber gemütliche Zimmer, alle mit fliessend Wasser. Massenlager bis
18 Personen.
Besonderes: Pauschalferienwochen der Gast-
häuser der Säntisbahn (s. Gasthaus Schwägalp).

Gasthaus Passhöhe

⚡ ⛰ C ☺ 🛏 🚗 ✕

Lage: Ruhige und sonnige Lage auf der P
höhe der Schwägalp zwischen dem Appen
lerland und dem Toggenburg.
Einrichtung: Heimelige Aufenthaltsräu
Garten mit Kinderspielplatz und Restaura
Saal für 30 Personen.
Zimmer: Einfache Zimmer mit fliessend W
ser (10 Betten).
Besonderes: Pauschalferienwochen der G
häuser der Säntisbahn (s. Gasthaus Schwäga

Appenzellerlan
heimeliges Ferienlar

Urnäsch

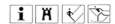

Urnäsch bietet dem Gast weniger Mondänes, dafür mehr Währschaftes und Urtümliches. Dies sowohl auf touristischem wie auf gesellschaftlichem Gebiet. Die Gaststätten mit heimeligen Holzstuben im Tal und am Dorfplatz sind vorbildlich renoviert worden, und an diesen Orten bietet sich der vergnügliche Umgang mit einer Bevölkerung an, die witzig, aufgeschlossen und gastlich ist. Für längere oder kürzere Erholungszeit sind Sie unser willkommener Gast. Urnäsch im Sommer: 120 km gut markierte Wanderwege, Feuerstellen, Vita-Parcours. Geführte Wanderungen, Grasskifahren am Skilift Bömmeli – und im Winter: Schweiz. Skischule Säntis, 7 Ski- und Übungslifte, Skiwander- und Langlaufschule, Skiwanderwege Hochalp, Lauftegg und ins Tal (Rossfall) ermuntern zu sportlicher Betätigung.

Das bekannte Silvesterklausen findet jährlich am 31. Dezember sowie am 13. Januar (alter Silvester) statt. Urnäsch ist ebenfalls Standort des bekannten Museums für Appenzeller Brauchtum – ein Querschnitt durch das Brauchtum des Kantons Appenzell Ausserrhoden, dessen Besuch für den interessierten Gast unerlässlich ist.

...tel Krone

...e: Im Dorfkern von Urnäsch an zentraler ...e, idealer Ausgangspunkt für Touren und ...nderungen im Alpstein.
...richtung: Der altbekannte Landgasthof ...ne, anno 1700 erbaut, wurde 1974 in einen ...dernen Hotelbetrieb umgestaltet. Gross...ige Aufenthaltsräume, TV-Raum, romanti...e Bar-Dancing «Kronenkeller», Restaurant ...gepflegter Küche, Terrasse, Bankett- und ...nferenzräume für 20–70 Personen.
...mer: 20 Zimmer (40 Betten) mit Bad oder ...sche und Toilette (teilweise auch nur mit ...ssend Wasser), Telefon in allen Zimmern.
...ektion: Familie W. Höhener-Schalch.

Gasthaus Taube, Metzgerei

Lage: Das Gasthaus liegt am schönen Dorfplatz von Urnäsch an zentraler Lage.
Einrichtung: Restaurant mit 60 Sitzplätzen, Saal bis 80 Personen.
Zimmer: 8 gemütliche Zimmer (15 Betten) mit fliessendem Wasser, Etagenduschen und Toiletten.
Besonderes: Eigene Metzgerei mit Appenzeller Spezialitäten. Gutbürgerliche Küche.
Besitzer: Familie E. Frischknecht.

Herisau

Herisau, Hauptort des Kantons Appenzell Ausse▮ den, eigentlich eine Stadt – ist in seinem Wese▮ Dorf geblieben. Ein Dorf, das seinen Besu▮ Wärme und Freundlichkeit schenkt. Kommen Si▮ entdecken Sie dieses Dorf, die gepflegten Stra▮ züge, die verträumten Gässchen – beschauen S▮ schönen Appenzeller-Häuser. Langeweile wird ▮ Herisau kaum befallen. Dafür stehen unseren G▮ viele Möglichkeiten für sinnvolle und abwechsl▮ reiche Freizeitbeschäftigung offen: das prächtig▮ gene Freibad Sonnenberg, das Sportzentrum mi▮ lenbad und ganzjährig betriebenen Eishalle, ▮ Kinderparadies Sedel oder einem Ausflug in die ▮ lige Umgebung. Wir denken aber auch an Kon▮ unsere Museen oder an einen Besuch des Woc▮ marktes, ein Bummel durch die zahlreichen Gesc▮ oder eine Einkehr in die gepflegten Gaststätten i▮ um Herisau. Im Süden grüsst erhaben der Säntis▮ Osten liegt die Stadt St.Gallen mit zahlreichen kul▮ len Einrichtungen und Unterhaltungsmöglichke▮ Seien Sie willkommen in Herisau. Geniessen Si▮ appenzellische Gastfreundschaft in vollen Züger▮ der Stadt, die auch weiterhin ein Dorf bleiben wi▮

Hotel Landhaus***

Lage: Unweit des Dorfkerns von Herisau an zentraler Lage, ca. 10 Gehminuten zum Bahnhof (Busbetrieb).
Einrichtung: Rustikales Restaurant, Rôtisserie, American-Bar, Sitzungszimmer, Kegelbahn, Saal für Konferenzen und Tagungen bis zu 100 Personen.
Zimmer: 17 modern eingerichtete Zimmer (34 Betten) alle mit Bad und WC, Telefon, TV, Radio mit Weckanlage, Kühlschrank.
Besonderes: Geeignet für Festanlässe, speziell eingerichtetes Hochzeitszimmer mit Himmelbett.
Besitzer: Familie B. Heeb-Kübele, Küchenchef

Sporthotel

Lage: Gegenüber dem Sportzentrum Herisau liegend und unter der gleichen Leitung wie das Hotel Landhaus.
Einrichtung: Garni-Hotel für Sportler (auch Familien), Geräte- und Trocknungsraum, Sauna.
Zimmer: 1- bis 4-Bett-Zimmer (48 Betten) mit fliessend Wasser, pro 2 Zimmer eine Dusche mit WC.
Besonderes: Geeignet für Trainingslager in Verbindung mit dem Sportzentrum Herisau (Schwimm-, Eis- und Sporthalle).
Besitzer: Familie B. Heeb-Kübele, Küchenchef

Hotel Rebstock

Lage: Nur wenige Schritte vom Zentrum ▮ Dorfes entfernt an der Schmiedgasse ▮ 8 Gehminuten vom Bahnhof).
Einrichtung: Gepflegte Restaurants, Rebla▮ und Rôtisserie, Doppelkegelbahn, Gart▮ terrasse, Lift im Hause, grosser Parkplatz.
Zimmer: Gepflegte Zimmer (23 Betten), gr▮ tenteils mit Bad oder Dusche und WC, Rac▮ Telefon.
Besonderes: Geeignet für Firmen- und Fa▮ lienanlässe, bekannt für gute Küche, gepf▮ ter A-la-carte-Service.
Direktion: R. und G. Winteler-Kropf.

⊙🚗✕

›tel Löwen

**: Im Dorfkern von Herisau an der Post-se, ca. 10 Min. vom Bahnhof (Busverbin-g).

ichtung: Heimeliges Restaurant mit klei-Terrasse, Sitzungszimmer/Saal bis 50 Per-en.

mer: Behaglich modern eingerichtete Zim-(20 Betten), fl. Kalt- und Warmwasser, enduschen und -WC.

onderes: Gepflegter Tellerservice, Glacé-zialitäten.

hter: Familie F. und H. Hirt

Sportzentrum

**Sympathisch –
vielseitig –
attraktiv**

Hier finden Sie alles für Ihren Sportplausch:
- ganzjährig betriebene Eishalle
  (Eisfläche 60×30 m)
- grosses Hallenbad (25×12,5 m) und
  Warmwasser-Becken mit 32°C
- grosse Sporthalle (44×26 m)
- Fitnessraum/Kraftraum für gezieltes
  Muskeltraining, Body-Building, Rehabilita-
  tion, therapeutisches Krafttraining
- Sauna, Solarium
- Massageabteilung mit fachkundigem
  Personal
- Theorieraum
- gemütliches Restaurant mit 100 Sitzplätzen

Weitere Auskünfte Telefon 071 51 51 76

CAFE CONDITOREI ZACH HERISAU 071/52 35 35

Im Herzen von Herisau, im Appenzellerland, an der Bahnhofstrasse, finden Sie die feine Conditorei mit dem stilvollen Café-Restaurant Zäch. Die traditionsreiche Conditorei bietet Ihnen eine fantastische Auswahl an Haus- und Appenzeller-Spezialitäten: -Biber, -Rahmchöbeli, -Nidelzeltli, Pralinés, Konfekt, Buttergipfel, Torten, Cakes, Snacks, Canapés, Glacé- und Dessert-Köstlichkeiten und weitere süsse Überraschungen, sowie zahlreiche Geschenkideen. Postversand von Kunden-Geschenken.
Lassen Sie sich in unserem gemütlichen Café-Restaurant mit dem Konditor-Zmorge (Brunch) verwöhnen. Unsere gepflegte Küche bietet Ihnen nebst Snacks und Canapés eine reichhaltige Auswahl an Salat- und Kalten Tellern, preiswerten Tagesmenüs und à-la-Carte-Spezialitäten. Dazu servieren wir Ihnen eine edlen Tropfen aus unserem gut assortierten Keller.
Für Ihre diversen persönlichen und geschäftlichen Anlässe stehen im 1. Stock Räumlichkeiten bis 50 Personen zur Verfügung. – Für Ihre hausinternen Anlässe bieten wir Ihnen unseren leistungsfähigen Party-Service an, z.B. Apéro-, Kalte-, Dessertbuffets und viele weitere Möglichkeiten.

Eine besondere Anziehung wird das im
Mai 1987 eröffnete Appenzeller
Volkskunde-Museum in Stein erfahren.
Die Präsentation einer umfassenden
Sammlung bäuerlicher Volkskunst der
Region wird ergänzt mit den Abteilungen
Alpkäserei, Plattstichweberei und
Handmaschinen-Stickerei.

tein

Stein im Appenzellerland ist ein typisches Dorf, urgemütlich in seiner dörflichen Idylle, mit einem Reichtum an erhaltener und immer gepflegter Folklore.

Stein liegt auf einer aussichtsreicher Anhöhe (827 m) der so beliebten, sanften Hügellandschaft, in nächster Nähe des prächtigen Alpsteinmassives. Stein selbst unterhält ein gepflegtes, gut markiertes Wandernetz von 50 km und bietet eine Vielzahl an touristischen Angeboten: Hallenbad, Sauna, Fitnessparcour, Langlaufloipe/Skiwanderweg, usw.

Dank seiner zentralen Lage – Stein liegt mitten im Dreieck St.Gallen – Herisau – Appenzell – ist die jüngste Gemeinde des Appenzellerlandes zu einem beliebten Ausflugsort geworden. Entdecken Sie die Sehenswürdigkeiten: die Schaukäserei, die Brauchtumsgalerie, die Grubenmann-Kirche, gedeckte Holzbrücken, den höchsten Fussgängersteg Europas oder die bekannten Narzissenfelder im Frühjahr. Als Gast werden Sie alsbald feststellen, dass Stein ein Ort gut ausgebauter touristischer Infrastruktur ist, wo Sie auf Ihrem Weg immer wieder auf gemütliche «Landbeizli» stossen.

tel Ochsen***

: Am malerischen und unter Heimatschutz enden Dorfplatz von Stein und unweit der annten Schaukäserei.
ichtung: Dem Gast steht eine gepflegte struktur zur Verfügung: Restaurant* mit annter guter Küche, verschiedene Räumkeiten für 10 bis 100 Personen, das offene zfeuer, auf dem einheimische Spezialitä-im Kupferkessi zubereitet werden können r das beliebte Binder-Stüble (J. Binder, annter Senntummaler) vermitteln heime-Geborgenheit. Das hoteleigene Hallen-, eine Sauna und die automatischen Kegelnen animieren zu sportlicher Ertüchtigung. Raum.

Zimmer: 23 komfortable und ruhige Gästezimmer (42 Betten), grösstenteils mit Dusche und WC, Radio und Telefon in allen Zimmern, Zimmer in der Dependance ohne Radio und Telefon.
Besonderes: Auf Wunsch wird Schonkost serviert. Einmalige Schweizer Mineralienausstellung. Spezialkuren: auf Naturheilbasis aufgebaute Molken-, Mayr- und allg. Regenerationskuren.
Besitzer/Direktion: Familie Josef Wild.

Schönengrund
Anzeige

Schönengrund, am Westrand der Kantonsgrenze Ausserrhodens gelegen, bietet seinen Gästen viele Annehmlichkeiten zu günstigen Preisen. Die Sesselbahn auf den 1210 m hohen Hochhamm erschliesst auch dem weniger geübten Wanderer ein lohnendes Ausflugsgebiet. Im Winter finden Könner und Anfänger Abfahrtspisten mit verschiedenen Schwierigkeitsgraden. Langläufer und Skiwanderer werden begeistert sein, stehen doch 25 km gespurte Loipen zur Verfügung, wovon 850 m beleuchtet.
Herzlich willkommen in Schönengrund!

Auskunft im Verkehrsbüro
Telefon 071 57 11 11

Speicher

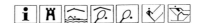

Das schmucke Dorf Speicher (936 m) mit seinen meligen Hotels, seinen Kurhäusern liegt in milder, alpiner Lage in einer weiträumigen, windgeschüt und sonnigen Mulde. Der Nebelfreie, ruhige Kuror dem beliebten Aussichtspunkt Vögelinsegg und idyllischen Weiler Speicherschwendi bietet se Gästen zu allen Jahreszeiten eine ganze Palette Möglichkeiten sinnvoller Feriengestaltung.

Gut unterhaltene Wanderwege führen abseits Lärm und Verkehr durch die kühlen Schatten du der Wälder und über sanftgeschwungene Hügel zu prächtigen Aussichtspunkten. In Speicher fir Sie ein modernes Hallenbad, Tennisanlagen (Ha und Freiplätze), Skilifte und Langlaufloipen.

Sehenswert sind die evangelische Kirche sowie zahlreichen Patrizierhäuser aus der Zeit um die M des 19. Jahrhunderts. Von St.Gallen erreichen Sie S cher mit dem Zug oder auf der Strasse in wen Minuten.

Kurhaus Beutler***

Lage: Am Südhang der Vögelinsegg, 970 m ü.M. Eine ideale und ruhige Lage für alle, die Entspannung, Ruhe und Erholung suchen.
Einrichtung: Grosser Garten, TV-Raum, Lift, gepflegte Küche (auch Schonkost/Diäten), Infrastruktur für Kuranwendungen, Sauna, Gymnastik- und Fitnessraum, hoteleigene Parkplätze und Garage.
Zimmer: 40 Doppel- oder Einzelzimmer (55 Betten), ruhig, hell und nett eingerichtet, alle mit Bad oder Dusche und WC, Telefon- und Rufanlage. Teilweise verfügen die Zimmer über Balkon, TV- und Radiogeräte. Zimmerservice auf Wunsch (für bettlägerige Gäste selbstverständlich). Einzelne Zimmer mit fliessend Wasser und WC.
Eignung: Erholungssuchende oder rekonvaleszente Gäste mit Herz- und Kreislauferkran-

kungen, Erkrankungen des Bewegungsapparates, Status nach intern medizinischen Krankheiten, nach viszeralen oder gynäkologischen Eingriffen, Übergewicht – werden durch Dr. med. Armin Rohner ärtzlich betreut. Die Leitung und Aufsicht des physikalischen Programmes obliegt einer eidg. diplomierten Physiotherapeutin und wird durch einen voll ausgebildeten Physiotherapeuten in hauseigenen Räumen unterstützt.
Besonderes: Postoperative Wund- und allgemeine Krankenpflege durch ausgebildetes Medizinalpersonal. 24-Std.-Pflegedienst. Von Krankenkassen und Versicherungen anerkannt. Geführte Wanderungen, Gratis-Transferdienst zum Bahnhof, Coiffeur, etc.
Besitzer/Direktion: Fam. Hansueli Müller-Beutler.

Hotel Höhenblick

Lage: An sehr ruhiger Aussichtslage mit B auf die Alpsteinkette und den Bodensee.
Einrichtung: Gemütliche Aufenthaltsräu Restaurant mit Gartenterrasse (Franz. Küc Schonkost, Bar, Säli für 15 Personen.
Zimmer: 10 gepflegte Zimmer (17 Betten) Bad oder Dusche und WC, teilweise mit Ra TV- und Telefon.
Besitzer/Direktion: Fam. G. Dällenbach.

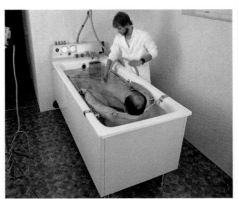

peicher

tel Appenzellerhof

⬛🛏️🇨⬛😊〰️🚗✕

: Ideal zentral und ruhig gelegen, nur ige Schritte vom Bahnhof Speicher.
chtung: Traditionelles Appenzellerhaus gepflegtem Restaurant und Speisesäli, Saal Anlässe, grosse Auswahl an Spezialitäten Küche und Keller, Schonkost, einladender nthaltsraum und genügend Parkplätze.
mer: 17 Zimmer (27 Betten), grösstenteils Bad oder Dusche und WC. Alle Zimmer jgen über Telefon und teilweise auch über nd Radio.
nderes: Unser Haus empfiehlt sich auch Regenerationskuren. Naturärztliche Praxis lause.
flüge: Idealer Ausgangspunkt für Ausflüge St.Gallen, Bodensee, Liechtenstein und Alpstein-Säntis-Gebiet.
tzer: Herbert und Laure Sidler.

Teufen

Hotel Anker***

⚡🇨🚗✕

Lage: Im Zentrum des Dorfes, Nähe Bahnhof SGA.
Einrichtung: Restaurant mit Metzgerei, Bankett- oder Konferenzräume bis zu 40 Personen, TV-Raum. Appenzeller Spezialitäten.
Zimmer: 11 Zimmer (22 Betten) alle mit Bad oder Dusche und Toilette, Radio und Telefon, zum Teil TV.
Besitzer: Familie Hans Höhener.

Teufen ist eines der schönsten Dörfer der grünen Voralpenwelt. Der nahe Hügelzug zwischen Bodensee und Säntis schirmt das Dorf vor rauhen Nordwinden ab, wodurch dieser Luftkurort sowohl die Gunst seiner Höhenlage (800–1000 m) als auch die Vorzüge eines milden Klimas geniesst.

Teufen bietet erholsame Wanderungen über Weiden und durch Wälder, aber auch über den auf rund 1000 m gelegenen «Eggen»-Höhenweg mit herrlicher Weitsicht. Eine Wanderung im Rotbachtobel mit seinem Wasserfall erfreut jung und alt. Ein Sportplatz, der Fitness-Parcours sowie das geschützt angelegte Schwimmbad laden zur sportlichen Ertüchtigung.

Teufen – bekannt wegen seiner gepflegten Gastronomie – seit jeher geschätzt von Kennern und Geniessern.

Die Grubenmann-Sammlung zeigt in ihrem Museum einen Ausschnitt aus dem Schaffen der berühmten Baumeisterfamilie des 18. Jahrhunderts. Die Erbauer vieler Kirchen, herrschaftlicher Bauten und bedeutender Holzbrücken wirkten weit über die Grenzen unseres Landes hinaus. Sammlung und Archiv werden ständig erneuert.

Hotel Säntis

⛰️🛏️😊🚗

Lage: Sehr ruhige Aussichtslage mit Blick auf die Alpsteinkette.
Einrichtung: In den geräumigen Attikawohnungen fehlt nichts, was sich der Gast wünscht. Im Untergeschoss befindet sich eine rustikale Bar, Spiel- und Fernsehraum.
Zimmer: Die schönen Zimmer (24 Betten) sind alle mit Bar und Kühlschrank ausgerüstet sowie mit Dusche und WC. Die Wohnungen (bis 3 Personen mit Bad). Balkone oder Austritt ins Freie.
Besonderes: Das gemütliche Speiserestaurant Ilge liegt am Dorfplatz von Teufen und steht unter der gleichen Leitung. Für Familien- und Vereinsanlässe steht ein Säli zur Verfügung. Im Sommer grosse Gartenterrasse.
Besitzer/Direktion: Familie H. Zellweger.

Gais

Schon seit dem 18. Jahrhundert ist Gais bek. Kurort. Aber das Dorfbild wird nicht beherrsc überdimensionalen Grossbauten – Gais hat Charakter als Appenzeller Dorf erhalten könne schätzen die Gäste sehr. In den stilvollen Hote Gasthäusern am und um den Dorfplatz – sowie Umgebung – findet man gemütliche Gaststube saubere, zeitgemäss eingerichtete Unterkünfte.

Ein grosszügig ausgebautes Wanderwegnetz, F und Hallenbad, Reitgelegenheit, bestens präp. Skiwanderloipen machen besonders Familienfer Sommer und Winter zum Erlebnis.

Wer einen mondänen Kurort mit viel Vergnüg rummel sucht, wird von Gais enttäuscht sein. W gegen geruhsame Ferientage in würzigem voral Klima und in einem gastlichen Dorf, dem 197 Henri-Louis-Wakker-Preis für sorgfältige Or pflege verliehen wurde, verleben will – ist herzlic geladen – einen erholsamen Ferienaufenthalt i zu geniessen.

Hotel Krone

Lage: Am Dorplatz von Gais an zentraler Lage, wenige Gehminuten vom Bahnhof.
Einrichtung: Heimelige Aufenthaltsräume in historischem Gebäude, Saal bis 250 Personen, TV-Raum, Lift, gepflegtes Restaurant mit Gartenterrasse, Doppelkegelbahn, Garten.
Zimmer: 32 Zimmer (60 Betten) mit Bad oder Dusche und WC, ruhig.
Besonderes: Geeignet für Seminare und Konferenzen, Seniorenferien, Molken-Trinkkur.
Besitzer: Familie A. + M. Seeger-Schmid.

Landgasthof Starkenmühle

Lage: An der alten Stoss-Strasse, inmitten der herrlichen Landschaft zwischen Sommersberg und Hirschberg liegt die Starkenmühle.
Einrichtung: Gemütliche Gaststuben, Räumlichkeiten für Gesellschaften, Saal bis 60 Personen, Gartenterrasse, Kinderspielplatz, Reitschule, Kegelbahn, hoteleigene Parkplätze und Garagen.
Zimmer: 6 komfortable Zimmer (13 Betten) mit Bad oder Dusche und Toilette, sehr ruhig. Alle Zimmer mit Radio, Television und Telefon.
Besonderes: Gepflegte Küche. Ideal für Familienferien und Sportler. Skiwanderzentrum (Duschen, Wachs- und Umkleideräume für den Langläufer).
Besitzer: Familie O. Fitzi-Schmid

rogen

Umrahmt von Palastbauten aus dem 18. Jahrhundert und der Barockkirche ist der Dorfplatz eine wahre Sehenswürdigkeit. Hier findet in den Jahren mit geraden Jahreszahlen jeweils die Landsgemeinde statt. Prunkstück auf dem Dorfplatz bildet das aus Anlass des Jahres der Denkmalpflege restaurierte Pfarr- und Gemeindehaus an der südwestlichen Ecke des Landsgemeindeplatzes. Über dem Dorf befindet sich das im Jahre 1946 vom Zürcher Philosophen Dr. Walter Robert Corti gegründete und weltbekannte Kinderdorf Pestalozzi. Im Sommer lädt ein hübsch gelegenes Schwimmbad zum Besuche ein. Im Winter erwartet den Skisportler ein Skilift mit beleuchteter Piste, sowie ein Schlepplift am Nordhang des Gäbris.

Auch befindet sich in Trogen die Ausserrhoder Kantonsbibliothek.

Leicht erreichbar – auch mit der PTT – ist das täglich geöffnete Mineral- und Heilbad Unterrechstein. Aber auch das in der Nähe gelegene Hallenbad bietet Abwechslung zur sportlichen Ertüchtigung.

, 903 m.ü.M., liegt an einem der vielen Hügel des Appenzellerlandes, am des Gäbris. Es bildet den Endpunkt der Bahn St.Gallen – Speicher – Trogen. Die e, nebelfreie Lage und die einladenden 40 km Spazierwege stempeln den Ort m wirklich idealen Ferien- und Luftkurort.

tel zum Schäfli

: Im Dorfkern von Trogen, in unmittelbarer Nähe des bekannten sgemeindeplatzes, zentrale Lage.
chtung: Das Haus wurde im typischen Stil renoviert. Gemütliche stube, gepflegter Speisesaal (auch für Gesellschaften bis 40 Perso-, TV-Raum, Gartenrestaurant.
ner: Gemütlich eingerichtete Zimmer (22 Betten) mit Bad oder che und Toilette, teilweise nur mit fliessend Wasser.
nderes: Hotel eignet sich gut für Familienferien.
zer/Direktion: Frau B. Keller.

Hotel Krone**

Lage: Im Zentrum des Dorfes, direkt am Landsgemeindeplatz.
Einrichtung: Schöner Speisesaal, verschiedene Restaurants (alte Nussbaumstube, Erker).
Zimmer: Gemütliche Zimmer (22 Betten), mit Bad oder Dusche und WC, Radio, teilweise mit Telefon.
Besonderes: Historisches Gebäude mit Rokokofassade, gepflegte, selbstgeführte Küche (Spezialität: lebende Forellen). Hotel seit 1900 im Familienbesitz.
Besitzer/Direktion: Familie R. Böhm

Bühler

Bühler – im Ausserrhoder Mittelland gelegen – ist ein Dorf mit einer ausgewogenen Struktur. Das macht den Reiz dieser hübsch gelegenen Ortschaft aus – hier ist der alte «Bilderbuchcharakter» erfreulicherweise noch vorhanden.

Bühler gehört zur Minderheit der ausserrhodischen Entwicklungsgemeinden – hat sich allerdings in den letzten Jahrzehnten verändert. Durch eine geschickte Siedlungspolitik, den gepflegten Ausbau von Spazier- und Wanderwegen ist Bühler zu einem angenehmen Aufenthaltsort gewachsen. Ein lebendiges Gewerbe, sympatische und gute Restaurants tragen das ihre zum Gelingen eines Besuches in Bühler bei.

Herrliche Aussichtspunkte (800–1250 m.ü.M.) sind über ein gut markiertes Wanderwegnetz erreichbar, z.B. die Wissegg, Hohe Buche (1145 m) und den Gäbris (1251 m). Im Winter bieten eine Langlaufloipe sowie ein Übungslift Gelegenheit zu aktivem Tun.

Hotel Sternen

Lage: Am Eingang des Dorfes, von St.Gallen kommend, an sehr ruhiger Lage.
Einrichtung: Restaurant mit gepflegter Küche und Gartenterrasse, TV-Raum, Kinderspielplatz, Saal bis 60 Personen.
Zimmer: 5 Doppelzimmer mit Bad, Dusche und WC, Radio, einige Zimmer mit Balkon, 3 Familienappartements mit 4 Betten. Total 24 Betten.
Besonderes: Idealer Ausgangspunkt für Ausflüge in den Alpstein, Bodenseegebiet, usw.
Besitzer: Familie Theo Bruderer-Nef.

Rehetobel

Rehetobel (900–1100 m.ü.M.) ist ein Klima-Kurort mit Reizstufe 1. Die leichte faktoren wirken wohltuend auf's Allgemeinbefinden. Da stimmt die Stimmu längeren Aufenthalten, Wanderungen oder Spaziergängen auf leicht bege Wegen, im offenen Schwimmbad oder auf den Skihängen und Langlauflo näherer Umgebung. Hoch über dem Bodensee auf einer freien, sonnigen Si finden Sie Erholung von Lärm und Hektik – Rehetobel leicht erreichbar mit de oder dem öffentlichen Verkehrsmittel von der nahen Ostschweizer-Met St.Gallen aus. Eine herrliche Sicht in die Bündner-Alpen, die Alpsteinkette m Säntis bezaubert von den Anhöhen rund um das schmucke Appenzeller-Do

In nächster Nähe von Rehetobel ist das Mineral- und Heilbad Unterrechstein zum Badespass mit Heilwirkung geöffnet.

Rehetobel – der ideale Klima-Kurort für genussreiche Ferien und auch für Aufenthalte.

Hotel zum Ochsen

Lage: An sehr ruhiger Lage im Dorfkern von Rehetobel.
Einrichtung: Im Appenzellerstil erbautes, ideales Kleinhotel. Gep tes Speiserestaurant mit Gartenterrasse, TV-Raum, Gymnastik/Fit raum, Garten, hoteleigene Parkplätze und Garagen, Kinderspie mer, Saal für 30 Personen.
Zimmer: 18 gemütlich eingerichtete Zimmer (30 Betten), alle sehr und mit Bad oder Dusche und Toilette, Mini-Bar und Radio.
Besonderes: Hotel geeignet für Familienferien, Seminar- oder K renzaufenthalte. Auf Wunsch Schonkost und Vermittlung von anwendungen (ausser Haus).
Besitzer/Direktion: Familie R. Fässler-Wetzel.

/alzenhausen

Walzenhausen, im Dreiländereck, erhaben über Bodensee und Rheintal, der ideale Kur- und Ferienort (670–900 m.ü.M.) im Appenzeller Vorderland. Problemlos und schnell, mit Bahn- oder Autoverbindungen aus allen Richtungen zu erreichen. Nicht umsonst wird Walzenhausen als Balkon über dem Bodensee bezeichnet. Hier öffnet sich ein herrlicher Ausblick über See, Rieduferlandschaft, das Vorarlberg bis zu den Tiroleralpen und im Westen über Konstanz hinaus gegen den Schwarzwald. Walzenhausen ist aber auch Eingang ins ländlich-verspielte Appenzellerland. Erholungsland-Ferienland, unvergessliche Ausflugsmöglichkeiten bieten sich an. Auch die nahen Kulturstädte, St.Gallen mit seiner grossartigen Barockkathedrale, Bregenz (Festspiele), Rorschach und Lindau laden ein. Auch im Winter ladet unsere Landschaft zu unbegrenzten Freizeitvergnügen ein. Unseren Gästen steht ein Hallen- und Freiluftbad zur Verfügung, medizinisch-therapeutische Betreuung, ein Vita-Parcours oder ausgedehnte Wandermöglichkeiten. Von der bodenständigen Dorfbeiz, über gepflegte Cafés und Restaurants bis hin zu gemütlichen Unterhaltungsanlässen lassen die Zeit allzuschnell vergehen.

el Kurhaus-Bad****

Erhaben thront der moderne Hotel-, Kur-Badebetrieb an einem Logenplatz hoch dem Rheintal und Bodensee. Das Hotel n zentraler und sehr ruhiger Lage unweit orfzentrums.

htung: Gemütlichkeit und Komfort: Ban- und Konferenzräumlichkeiten für 12, 30, d 100 Personen, Restaurant Français, klas- er Barock-Speisesaal, Dorfbeiz, Garten- und -restaurant. Grosszügige Aufenthalts- e, 2 Lifts, hauseigenes Therapiezentrum, nbad 29°, Solarium, Sauna, Thermalbad, nastik- und Fitnessraum. Parkanlage. eigene Parkplätze.

ner: 74 modern eingerichtete Zimmer Suite (total 110 Betten), alle mit Bad oder he und Toilette, rollstuhlgängig. Die sehr en Zimmer verfügen über Radio, Farb- eher und Telefon.

Eignung: Unter fachkundiger ärztlicher Leitung (Dr. med. Thomas Rau) wird im Kurhaus-Bad nach dem neuesten Stand der Wissenschaft die Behandlung rekonvaleszenter und erholungsbedürftiger Gäste geführt.

Besonderes: Täglich kostenlose Fitness-Programme und Wanderausflüge mit dipl. Sport- und Schwimmlehrer – sowie musikalische Unterhaltung.

Aufgrund ärztlicher Zuweisung Krankenkasse-Beiträge. Haustiere werden akzeptiert.

SPEZIALANGEBOTE:

Schlank werden – Schlank bleiben! Wie? Wir zeigen es Ihnen gerne. 12 Tage und Sie haben den Dreh heraus, ohne Hunger und Medikamente abzunehmen, soviel Sie wollen, um schlank zu bleiben! Dies nach dem bewährten System SSP der Schweizer Kurkette.

Fit, vital und gesund – gewusst wie in sieben Tagen! Stress, Hektik, Nervosität, schlaflose Nächte… Sieht Ihr Alltag so aus? Spannen Sie aus. Nehmen Sie sich 7 Tage Zeit für die Sport-, Fitness- und Gesundheitswoche. Ihrer Gesundheit zuliebe!

Direktion: A.+H. Brunner-Savoy

Heiden

Der Klimakurort Heiden liegt in einer flachen Se
der nördlichen Abdachung des Appenzeller
landes, 400 m über dem Bodensee. Die weit
Landschaft gewährt dem ca. 4000 Einwohner z
den Ort grosse Sonnenscheindauer. Heiden ist
ein voralpines, gemässigtes Abhärtungsklima m
weise kräftiger Luftbewegung gekennzeichn
Sommer ist es kaum je drückend heiss, sonder
erfrischend und angenehm.

Um 1848 begann sich Heiden zu einem Kurort z
wickeln. 1860 entdeckte der berühmte Aug
Prof. Dr. Albrecht von Graefe Heiden. Die rei
und das Wiesengrün begeisterten Graefe so sta
er seine Privatpraxis künftig im Sommer von
nach Heiden verlegte. Heiden wurde damals v
kannt. Nach Prof. Graefe hat noch ein anderer,
falls weltberühmt gewordener Mediziner Heide
als Kurort gefestigt: Dr. Heinrich Frenkel, der S
zer Neurologe, der eigentliche Begründer desse
man heute als medizinische Rehabilitation be
net. Heute ist Heiden immer noch der grösste Ku
Ferienort des Kantons Appenzell Ausserrhoden.
ben ist Heiden aber auch ein sehr beliebtes Au
ziel.

Henri Dunant, der Gründer des Roten Kreuzes
von 1887 bis 1910 in Heiden. Ihm zu Ehren ste
dem gleichnamigen Platz an der Seeallee ein Ge
stein und im Krankenheim wurde ein kleines, se
tes Dunant-Museum eingerichtet.

Heiden ist der Ausgangspunkt für unzählige, he
Wanderungen. Sie finden hier aber auch ein So
Schwimmbad, ein modernes Medizinalhall
(33 °C), Saunas, Tennisplätze, einen Vita-Pa
Feuerstellen und vieles andere.

Hotel-Kurhaus Sunnematt***

Lage: Unser Haus steht inmitten eines zum
Ruhen und Verweilen einladenden Gartens
mit freiem Blick auf den Bodensee.
Einrichtung: Gemütliche Aufenthaltsräume
und grosse Sonnenterrasse. Sauna, Lift, vollautomatische Brandschutzanlage, Garagen.
Zimmer: Komfortable, gemütliche Zimmer
mid Dusche/Bad und Toilette. Alle Zimmer
mit Radio, Telefonanschluss und Zimmer-
service-Rufanlage.
Besonderes: Von Krankenkassen anerkannt.
Krankenschwester Tag und Nacht im Haus.
Sehr gepflegte Küche, auf Wunsch auch Diät-
kost.
Pächter: P. und M. Girsberger-Schweizer.

Klinik am Rosenberg

Lage: Die Privatklinik mit international aner-
kanntem Ruf liegt am Rande des Dorfes Heiden. Patienten und Begleitpersonen können
sich an dieser ruhigen Lage sowie der wunder-
schönen Aussicht erfreuen.
Einrichtung: Die Klinik ist mit den modernsten chirurgischen Einrichtungen ausgerüstet,
dies für die hochspezialisierten Abteilungen:
Ophthalmologie (Augenheilkunde), Ortho-
pädie, Plastische und Wiederherstellungs-
chirurgie.

KLINIK AM ROSENBERG
HEIDEN

Hotel-Restaurant Ochsen*

2 Autominuten von der Klinik am Rosen
4 km zum Bodensee
13 km nach St.Gallen
30 Min. zur Festspielstadt Bregenz
5 Min. zum Heilbad Unterrechstein in G

Der Landgasthof mit dem 3-Sterne-Komfo

rub

...orf Grub AR liegt in einem sanften Tal – auf nebelfreier Höhe (815 m), über ...Bodenseegebiet – das zu mannigfachen Wanderungen Gelegenheit bietet; ...ders geeignet für Familien mit kleinen Kindern sowie Leute, die leichtere aber ...dehnte Wanderungen lieben. Alle Erholungssuchende werden immer wieder ...ckt sein von der herrlichen Rundsicht über das ganze Bodenseegebiet.

...izvolle Landschaft und die guten Verkehrsverbindungen haben es mit sich ...cht, dass sich auch viele Städter bei uns niedergelassen haben.

...asthöfe sowie ein gut geführtes, mit allem Komfort ausgestattetes Hotel laden ...rgäste zu geselligem und kulinarischem Verweilen ein.

...hrhunderten befindet sich im Gruber Weiler Unterrechstein ein Bad mit ...ngsvollen Schwefelquellen. Heute bietet ein nach modernsten Grundsätzen ...tes Heilbad (35°C) Erholung und Heilung, das von den Krankenkassen aner- ...ist.

...Patienten aus der weltbekannten, nahegelegenen Klinik am Rosenberg ...en gerne nach Grub zur Nachkur.

...tel Ochsen***

...chtung: Komfortables Familien-Hotel, Appartement, Saal für Fami- ...Feste.
...ner: Alle Zimmer mit Dusche/WC, Farbfernseher, Radio, Telefon.
...zer: E. Högger

Erholsame Badekuren im Heilbad Unterrechstein

Geniessen Sie während Ihren Ferientagen im Appenzellerland erholsame Stunden im sympathischen Heilbad Unterrechstein. Dieses moderne Heilbad liegt an der Strasse zwischen Heiden und Rehetobel. Rings um das Bad findet der Gast nichts als ursprüngliche, herrliche Appenzeller Landschaft, die zum Wandern und (im Winter) zum Langlaufen einlädt.

Das fluor- und schwefelhaltige Wasser unterstützt die Abwehrstoffe des Körpers und hat allgemein einen günstigen Einfluss auf den Organismus. Dies begünstigt vor allem eine wirksame Erholung von Erschöpfung und Stress und beschleunigt die Heilung nach Krankheiten und Unfällen. In gleichem Masse wirkt es natürlich auch vorbeugend und trägt durch seine beruhigende Wirkung zum allgemeinen Wohlbefinden bei. Seit Hunderten von Jahren ist vor allem die heilende und lindernde Wirkung bei rheumatischen Erkrankungen bekannt.

Das Bad selber bietet alles, was zu einem modernen Bad gehört: Sprudelbad und Massagedüsen, grosszügiger Ruheraum, gedeckte Terrasse, Liegewiese, modernste Solarien, täglich Wassergymnastik für jedermann.

Nach dem Bad trifft man sich zu einer Erfrischung in der Kaffeebar mit ihrer gemütlichen Sitzecke. Nur 50 Schritte vom Bad entfernt befindet sich das Restaurant «Altes Bad» mit seiner typischen Appenzeller Gaststube.

Öffnungszeiten des Heilbades

Montag: 14.00 – 21.00 Uhr
Dienstag – Freitag: 09.00 – 22.00 Uhr
Samstag/Sonntag: 09.00 – 18.00 Uhr

Für Ausflüge ins Bad ab St.Gallen bieten die PTT ein vergünstigtes Spezialbillett an, in dem der Eintritt ins Heilbad bereits enthalten ist.

Weitere Auskünfte:

Mineral- und Heilbad
Unterrechstein AG
Telefon 071 91 21 91

Postfach
9410 Heiden

HEILBAD UNTERRECHSTEIN OB HEIDEN

Mit ländlichem Charme in heimeliger Umgebung und der Möglichkeit, unseren Käsern über die Schultern ins Käsekessi zu schauen, konnten wir schon lange dienen.

Bekannt ist auch, dass wir schon viele Gäste mit feinen Spezialitäten aus Küche und Keller verwöhnen durften.

Neuerdings können wir Ihnen aber noch viel mehr bieten. Wir haben nämlich unser Restaurant ausgebaut und unser Angebot vergrössert.

Unsere Speisekarte ist viel reichhaltiger geworden, im Weinkeller lagern bedeutend mehr edle Tropfen und unser Küchenchef kann auch verwöhnte Gourmets begeistern – und dies alles, auch das ist neu, bis abends 24.00 Uhr.

Wünschen Sie den Rahmen eher elegant oder schätzen Sie mehr die ländliche Gemütlichkeit? Im eleganten Stöbli, in der häämeligen Säntisstobe oder in der ländlichwährschaften Buurestobe finden Sie bestimmt die Ihnen behagende Ambiance. Auch ein Säli steht auf Wunsch zur Verfügung.

RESTAURANT APPENZELLER STUBE

STEIN/AR

mit Stöbli, Säntisstobe und Buurestobe Täglich geöffnet von 8.00–24.00 Uhr (Mittwoch bis 19.30 Uhr) Telefon 071/59 17 33

Der typisch appenzellischen Gastlichkeit sind wir selbstverständlich treu geblieben. In unserer Schaukäserei können Sie weiterhin zuschauen, wie der feine, berühmte Appenzeller Käse hergestellt wird. Eine Tonbildschau informiert Sie über Land und Leute, über Wirtschaft und Kultur, aber auch über einige typische Eigenarten der ‹Appenzöller›. Und wenn Sie jemanden mit einem kleinen Geschenk überraschen möchten, finden Sie im Chäs-Lade eine reiche Auswahl feiner Milchprodukte, viele Käsespezialitäten und verschiedenste Souvenirs.

APPENZELLER SCHAUKÄSEREI

STEIN/AR

Täglich geöffnet von 8.00–19.00 Uhr Käseherstellung von 9.00–11.00 Uhr und 13.00–15.00 Uhr Eintritt frei Informative Tonbildschau Chäs-Lade Telefon 071/59 17 33

Sönd Willkomm!

Die Reise durch das Appenzellerland

Bei der Reisebeschreibung durch das Appenzellerland wird auch auf zeitgenössische Darstellungen zurückgegriffen, um zum Einen zu erkennen, wie sehr die Bevölkerung von dieser neuen Erschließung des Landes begeistert war, aber auch um zu zeigen, wie sich die Natürlichkeit des Appenzellerlandes bis heute erhalten hat.

Rorschach-Heiden-Bergbahn

Die Streckenreise durch das Appenzellerland soll am Bodensee beginnen. Ob Sie nun mit dem Schnellzug von Zürich über St. Gallen nach Rorschach kommen oder über die Bodensee-Uferbahn von Lindau-Bregenz bzw. mit dem Frühschiff von Lindau über den Bodensee nach Rorschach kommen, immer haben Sie in der Ferne den Säntis schon vor Augen.

Rorschach, am Fuße des Rorschacher Berges gelegen, ist die St. Gallische Hafenstadt am Bodensee. Eingebettet zwischen See und Berg besitzt es alle Reize, die nur ein Hafenort bieten kann. Das Kornhaus am Hafen, wo das Schiff aus Lindau einläuft, viele Bürgerhäuser, die barocke Kolombans Kirche und das ehemalige Kloster Mariaberg sind Zeugen der bedeutenden Vergangenheit.
Die Festschrift zur Betriebseröffnung schreibt:
"Zu Folge Vereinbarung mit den Vereinigten Schweizerbahnen steht die neue Bahn mit dem Bahnhof und der Hafenstation Rorschach in direkter Verbindung. Dort, wo die stolze Flottille des Bodensee's die zahlreichen Gäste aus Deutschland ausschifft, werden fürderhin auch die stattlichen Waggons der Bergbahn bereitstehen, um dieselben, statt auf langem Umweg und staubiger Poststraße, direkt in die reine Bergluft von Heiden zu bringen."

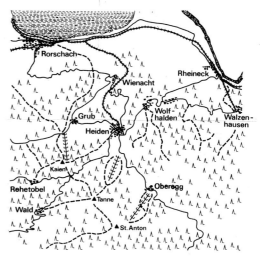

Legende:

————	Bahn
- - - -	Straße
– – – –	Skiroute
⌐⌐⌐⌐⌐	Skilift

Der Triebwagen ABDe 2/4 Nr. 23 mit dem Beiwagen B 14 ist auf der Fahrt am Hafen vorbei Richtung Bahnhof Rorschach SBB.

Luftschiff „Zeppelin" über Rorschach

Der Zug der RHB wartet auf Fahrgäst[e] den einlaufenden Schiffen.

Im Bahnhof Rorschach

Nach der Eröffnung des elektrischen B[etrie]bes posiert hier Lokomotive Nr. 22 mit 2 [Per]sonenwagen dem Fotografen im Ba[hnhof] Rorschach.

"Noch ein Blick auf das alterthümlich stolze Kornhaus, auf den belebten Hafen, die stattlich mit Erkern geschmückten Häuserreihen und - das blühende Rorschach liegt hinter uns. Wir sind im äußern Bahnhof angekommen, an der Verzweigung der Bahnlinie nach St. Gallen und Chur. Erst da beginnt, rechts gegen den Berg abzweigend, die eigentliche Zahnschienenbahn. Aus der Remise linkerseits stellt sich die Bergbahnlokomotive hinter die Wagenreihe und munter dampft's die Höhe hinan, unter schattigen Obstbäumen, durch üppige Fruchtfelder und Wiesen. Die zahlreichen Landsitze und Gehöfte des Rorschacherberges lugen vergnügt herunter auf die ungeheure Spiegelfläche des Bodensee's, umsäumt von deutscher Berg' und Städte Pracht... Auf mächtigem Steindamm schnauft das Dampfroß hinüber in den stillen Waldeszauber."

Triebwagen Nr. 24 der RHB strebt durch das winterliche Appenzeller
Vorderland Heiden zu.

Der Personenzug nach Rorschach hat Heiden verlassen.

Der neue Triebwagen im alten Bahnhof Heiden

Bahnhof Heiden im Winter um 1947

Heiden 807 m ü.M., wurde durch seine sogenannte Molkenkur, eine Milch-Therapie, der
noch bis in die ersten Jahrzehnte dieses Jahrhunderts große medizinische Bedeutung bei-
gemessen wurde, berühmt. Hier wirkten auch
die bekannten Ärzte Albrecht von Graefe
(1828-1870), Begründer der modernen Augenheilkunde, und der Neurologe Heinrich
Fraenkel (1860-1930). Auch heute ist Heiden
mit seinen ca. 4000 Einwohnern ein beliebter
Kurort mit Anlagen für Reiten, Tennis, Baden und im Winter mit Skilift und vielen Kilo-
metern gespurten Ski-Wanderloipen. Während der Saison steht ein großes kulturelles
Angebot darüber hinaus zur Verfügung.

Bahnhof Heiden

Schneebedeckte Wiesenhänge laden den Skifahrer, insbesondere den Langläufer, zur Erforschung des Appenzeller Vorderlandes ein. Im Hintergrund glänzt der Bodensee.

Post im Vorderland

8002. Heiden Poststrasse.

Schon in den dreißiger Jahren war die Poststraße vom ständigen Kommen und Gehen der Postbusse, damals noch offene Fahrzeuge, die jedoch im Winter durch ein Verdeck geschützt werden konnten, belegt.

Zur Eröffnung des Postbetriebes wurde die alte Garage beim Bahnhof Heiden eingerichtet.

Der Postbus von Trogen nähert sich dem Luftkurort Heiden. Im Hintergrund der Bodensee.

Haslen, an der Straße von Appenzell nach Teufen, liegt an einer geschützten Halde. Hier waltete der in der Landesgeschichte berühmte Pfarrer Paulus Ulmann, der erste Eremit, und eigentlicher Gründer des Wildkirchli. Von hier wandert man nach Schlatt, einem richtigen Bergdorf auf der Anhöhe, fernab vom großen Verkehr. Anfangs dieses Jahrhunderts wurde die Kirche wieder aufgebaut, nachdem die alte Kapelle den Flammen zum Opfer gefallen war. Die Endpunkte der Buslinie, die Haslen mit Inner- und Außerrhoden verbindet, sind der im Chalet-Stil erbaute Bahnhof Speicher sowie der moderne Bahnhof Appenzell.

Postbuslinie Speicher - Teufen - Appenzell: Hier fährt der Bus durch Haslen AI Richtung Appenzell. Am Postbüro, das dicht bei der Kirche liegt, hat der Bus die Post des Vormittags bereits eingeladen.

Die Anfang des Jahrhunderts neu erbaute Kirche in Schlatt, fernab
vom großen Verkehr

Postbus in Speicher

Postbus am Bhf. Appenzell

Der neue Kirchenplatz in Heiden mit der Post hinten links und dem im gleichen Stil daneben erbauten Gemeindehaus.

Rehetobel, 953 m ü.M., hat heute ca. 1500 Einwohner und ist ein makurort am Südhang des Kaien gelegen. In seiner nebelfreien F und seiner günstigen Sonnenscheindauer ein Zentrum des Wand im Sommer und Winter.

Der Postbus ist in Rehetobel eingetroffen (um 1920)

Erst 1920 wird der Postkurs von Grub nach Heiden durch einen Auto-kurs ersetzt. Auch in Kaien-Rehetobel wurde 1920 die Pferdepost ein-gestellt und Autobusse übernahmen den Betrieb auf der Strecke von Heiden nach Rehetobel.

Moderner Postbus in Rehetobel

Fahrzeug der Auto AG in Bruggmühle

Postbusse am Hauptbahnhof St. Gallen

Postbus am Bahnhof Walzenhausen der Bergbahn Rheineck-Walzen-hausen

Der einzige Triebwagen der Bergbahn Rheineck-Walzenhausen nähert sich dem etwa 300 m über dem Bodensee liegenden langgezogenen Dorf **Walzenhausen** mit seinen etwa 2000 Einwohnern. Das Bild läßt erahnen, wie überwältigend der Weg über den Bodensee nach Friedrichshafen, Lindau und Bregenz ist.

Bergbahn Rheineck-Walzenhausen

Der Zahnradtriebwagen ist im Bahnhof Rheineck der SBB eingetroffen. Der Omnibus nach Bregenz in Österreich steht abfahrtsbereit.

Trogener Bahn

Ein moderner Pendelzug der TB wartet an einem Frühlingsnachmittag
im Bahnhof Trogen auf den Anschlußbus von Heiden.

Pendelzug im Hinterdorf Speicher mit dem Erholungsheim „Liban-
on".

Ein Zug der neueröffneten Trogener Bahn steht im Bahnhof Trogen.

Zug der Trogener Bahn auf der Fahrt nach St. Gallen vor der Sägli-
bach-Brücke.

Trogen, 903 m ü.M., liegt am Fuße des Gäbris. Beson-
des sehenswürdig ist der Landsgemeindeplatz mit den
Palastbauten aus dem 18. Jahrhundert und der Barock-
Kirche, erbaut 1779 bis 1781 von Joh. Ulrich Grubenmann, wo auch jetzt noch am letzten Sonntag im April
der Jahre mit gerader Jahreszahl die Landsgemeinde
stattfindet. Das Kinderdorf Pestalozzi, im Jahre 1946
gegründet, lädt ebenfalls zum Besuch ein wie die alte
Dorfgasse im Oberdorf und die Häusergruppe Steingas-
se mit über 200 Jahre alten typischen Appenzeller-Häu-
sern. Neben einem hübsch gelegenen Schwimmbad laden im Winter Skilifte mit beleuchteter Piste im Breite-
nebnet am Gäbrisnordhang zu sportlicher Betätigung
ein.

Der Appenzeller Kalender auf das Jahr 1904 berichtet:
„War das noch eine mühselige Zeit, als es einzig die alte Straße von St. Ga
Speicher und Trogen gab, immer Tobel auf Tobel ab und im Weg stets fa
Geröll. Die Landsgemeinde-Mannen, die nach Trogen pilgerten, schwitzte
ein Graus war, und noch mehr schwitzten die Träger, die auf Räfen und C
Lasten von der Stadt aufwärts schleppten. Und dann kam vor beiläufig 6
die schöne, breite Landstraße, die zu schroffe Steigungen umging, und ei
„Chrumm" dem „gächen Stich" vorzog; Ein- und Zweispänner rasselte
schwere Lastwagen deßgleichen und nachher auch noch der eidg. Postwa
Leute freuten sich und sagten, jetzt habe man es so ring, daß man es ringer
mehr haben könne. ...
Es war ein Freudentag für die Bevölkerung von Trogen und von Speicher (
Juli 1903 die Strecke eröffnet wurde), die wohl fühlte, daß nun eine neue Z
angebrochen und die Periode bisheriger Absperrung vom neuzeitlichen Ve
seitigt sei."

Speicher im Winter 1941-42.

Speicher, 940 m ü.M. liegt in einer weiträumigen windgeschützten Mulde und ist ein nebelfreier ruhiger Kurort dicht bei dem beliebten Aussichtspunkt Vögelinsegg. Neben einem gepflegten Hallenbad sind auch von Speicher viele lohnende Wanderungen durchzuführen. Für den Winter stehen Skilifte, mit zum Teil nachts beleuchteten Abfahrtspisten, zur Verfügung. Ebenfalls für Langlauf und Skiwanderungen ist Speicher ein attraktives Ferienziel.

Pendelzug Nr. 25 mit Güterwagen im Januar 1978 in Speicher.

Der umgebaute Triebwagen Nr. 8 mit Beiwagen an der Vögelinsegg.
Im Hintergrund liegt der Ort Rehetobel.

Vor dem Depot in Speicher stehen die Triebwagen 8 und 7 aus dem
Jahre 1952. Triebwagen Nr. 8 ist bereits 1979 umgebaut und zeigt die
neuen Farben der TB.

Probefahrt in 3-fach-Traktion oberhalb des Ostteils von St. Gallen an der Kurzegg.

Triebwagen Nr. 7 in alter Farbgebung mit bereits umgebautem Beiwagen Nr. 13 an der Notkersegg.

Zug der Trogener Bahn am Wenigerweier auf der Fahrt nach Trogen.

Im Juni 1967 wurden in einem Sonderzug, der aus vier Triebwagen und drei vierachsigen Beiwagen bestand, 320 Personen von St. Gallen nach Trogen befördert. Hier ist der Sonderzug oberhalb St. Gallens.

Schienentransport am Spisertor. Der Holztriebwagen der TB trägt neben dem Lyra-Stromabnehmer bereits den Scherenstromabnehmer.

Einer der neuen Triebwagen am Spisertor auf der Fahrt Richtung St Gallen Bahnhof.

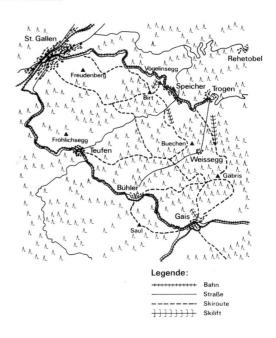

Legende:

++++++++	Bahn
————	Straße
– – – – –	Skiroute
}}}}}}}}	Skilift

Triebwagen Nr. 8 mit Beiwagen im Nebenbahnhof St. Gallen. Im Hintergrund ausfahrender Zug der SGA.

Hölzerner Triebwagen der Wagenserie 1 bis 4 im Nebenbahnhof St. Gallen.

St. Gallen, 673 m ü.M. (am Hauptbahnhof), der siebtgrößte Wirtschaftsort der Schweiz, gemessen an der Zahl der Beschäftigten. Die Geschichte der Stadt beginnt im Jahre 612 mit dem irischen Mönch Gallus, der "in der grünen Wildnis zwischen Bodensee und Säntis" eine Einsiedelei baute. Aus seiner Zelle entstand im 8. Jahrhundert ein Kloster, das bald zu den bedeutendsten Kulturstätten des Abendlandes zählte. Seit dem Mittelalter ist St. Gallen Zentrum der schweizerischen Textilindustrie. An dieser Entwicklung nahm auch das Appenzellerland teil, das durch seine gewandten Stickerinnen berühmt wurde.

Der Appenzeller Kalender auf das Jahr 1904 berichtet zum Erlebnis einer Fahrt von St. Gallen nach Trogen:

"Gleich ob der "Bavaria" bietet sich ein bezaubernder Blick über das ganze St. Galler Hochthal mit der Stadt St. Gallen, ihren Kirchen, Thürmen und Prunkgebäuden, St. Fiden, Neudorf und Heiligkreuz bis Bruggen, und zu äußerst im Westen sieht man die Ausläufer der Hörnlikette, die st. gallische und zürcherische Gaue scheidet. Es geht am traulichen Klösterlein Notkersegg vorbei der Kurzegg zu - Bodenseebild an Bodenseebild: die mächtige thurgauische Ebene, dörferbesät, mitten in einem einzigen Obstbaumwald; der gewaltige und doch so liebliche Seespiegel, blau, wie das Blau vom Himmel, in dem die zwei Landzungen mit Arbon und Romanshorn malerisch hineinragen, und jenseits das baierische und württembergische Ufer mit den Städten und Dörfern eine einzige große, lachende Welt..."

Triebwagen der TB, Serie 1-4, fährt aus der Abstellanlage in den Nebenbahnhof St. Gallen. Im Hintergrund abfahrbereiter Zug der SGA.

Die Abstellanlage der TB in St. Gallen.

St. Gallen-Gais-Appenzell-Altstätten Bahn

Im Nebenbahnhof St. Gallen: links Pendelzug BDe 4/8 und alter Triebwagen BDe 4/4 der Trogener Bahn, rechts Triebwagen Nr. 5 der SGA im Sommer 1979

Pendelzug der SGA mit zwei Verstärkungswagen im Nebenbahnhof St. Gallen

20696 St. Gallen

Blick über den Bahnhof St. Gallen: link
große Rundlockschuppen der SBB, in
Bildmitte das Empfangsgebäude mit
überdachten Bahnsteigareal, rechts der
benbahnhof

St. Gallen mit Bahnhof u. Postgebäude

Um 1915 ist nur die Trogener Bahn elek
ziert wie auch die Straßenbahn St. Gallen
Hintergrund des Nebenbahnhofs ist
Drehscheibe der SGA zu erkennen, links
Zug nach Trogen.

Links die Bahnsteighalle, die von SBB
BT benutzt wird, rechts abgestellte Wa
der Trogener Bahn und der SGA.

St. Gallen, Blick auf den Hauptbahnhof

62

Der erste Bahnhof St. Gallen der SGA um 1895, vor dem Bahnhof St. Gallen angeordnet

Abfahrbereiter Zug mit Triebwagen Nr. 1 und offenen Sommerwagen im Nebenbahnhof St. Gallen.

Gleich hinter dem Bahnhof St. Gallen hatte die Bahn nach Gais ihre erste große Steigung, die dazu noch im 30-m-Radius lag, zu überwinden.

63

Gaiserbahn. Kehrkurve im Vonwil.

Verlag von C. Umiker, St. Gallen, 2297.

Kurve d.
...üssen-Bahn b. St. Gallen 1178 I

Zug in der Ruckhalde um 1910. Im Hintergrund sieht man die Abstell-anlage der SBB.

Heinrich Federer schrieb für die Schreibmappe 1913 in "Das Gaiser-bähnli":

"Das Gaiserbähnli hat eine richtige außerrhödler Seele. Wenn es von St. Gallen ab-fährt, benimmt es sich zwar noch durchaus städtisch. Es fährt graziös durch die Straßen und Häuserreihen des Arbeiterquartiers, ohne sich zu überstürzen. Aber es atmet doch auf, sobals es aus den grauen Mauern hinaus auf die steilen grünen Wiesen des Freudenbergs sieht. Das Aelplerblut erwacht in ihm. Eine unbezähmbare Lust zum Klettern überkommt es. Mit einer einzigen jähen Biegung nimmt es den Hang. Das Kunststück ist überraschend. Nicht sobald macht ihm das eine andere Bahn nach. Je tiefer St. Gallen unter ihm versinkt, desto frecher blitzen die Metall-augen des Gaiserbähnleins, desto munterer wird sein Bergschritt, und oben, wo man zum letztenmal auf die Kirchen und Banken und alles Stadtgestiebe in der Tiefe schaut, lässt es einen Pfiff ab, einen so bundeswidrigen, unbezähmten, aber heillos kühnen Pfiff, wie ein junger Habicht, den schlaue Stadtbuben ins Garn bekommen und eine Weile zwischen Käfigstäbe gezwängt haben. Nun ist er entwischt, weitet seine Flügel und strebt wieder den luftigen, schneeversilberten Heimatgipfeln zu... Da darf man wohl pfeifen! Und rüstig fährt es zur ersten Station Riethäusle."

Nach der Elektrifizierung wurde 1931 dieses Foto aufgenommen. Der neue elektrische Triebwagen führt die vierachsigen Beiwagen der Dampfbahn, die auch auf dem vorhergehenden Bld zu erkennen sind. Die Brücke über die SBB-Gleisanlage nach Vonwil ist bereits fertigge-stellt.

BROWN BOVERI   32639

...chwerer Personenzug in Doppeltraktion ist
...m Nest" Richtung St. Gallen in die Zahn-
...ange eingefahren.

...o sah die Haltestelle Lustmühle in den vier-
...iger Jahren aus. Heute sind hier moderne
...Bahnsteiganlagen und ein abgetrennter
...Gleiskörper neben der stark befahrenen Auto-
...traße angeordnet.

...H. Federer schreibt:
*'Diese Stationen! Es gibt auf der Welt nicht ihres-
...leichen. Es sind einfach Wirtshäuser oder Herber-
...en. Eine Station heißt 'Linde', die andere 'Rose', eine
...'ritte 'Lustmühle', usw. Das Bähnlein hält, ein Jun-
...e springt mit ein paar Briefen aus der Türe, ein
...Knecht wirft etliche Säcke Obst oder Kartoffeln in
...en Gepäckwagen. 'Halt aus!' schreit ein lachendes
...Wirtshauskind, als das Bähnlein schon anfängt wei-
...erzurasseln. 'Halt!' Und siehe da, das Gaiserbähnli
...st galant genug und stoppt, so dass unser Jüngferchen
...ine Ansichtskarte mit zwei großen brennenden Her-
...zen nach Bühler an einen gewissen S.B. noch zur Post
...egen kann."*

...Zug der SGA zwischen Lustmühle und Nie-
...derteufen

Der Dorfplatz in Teufen

Teufen, 800-1000 m ü.M., ruht auf einer sonnigen Terasse des Appenzeller Mittellandes mit freier Sicht in das Säntisgebirge. Grüne Wiesen, in die dunkle Tannenwälder eingestreut sind, säumen das stattliche Dorf mit über 5000 Einwohnern. Eine besondere Zierde sind die Bauten, die sich rund um die evangelische Kirche vereinigen. Im früheren "Hôtel des Alpes", das um die Jahrhundertwende als Bahnhof von Teufen diente, ist seit wenigen Jahren die Heimstatt der Grubenmann-Sammlung. Die verschiedenen Mitglieder der Familie Grubenmann waren nicht nur die Erfinder der Hängebrücken sondern bauten auch eine Vielzahl von Häusern, Palästen und nicht weniger als 30 Kirchen und andere Kunstwerke im Appenzellerland und der weiteren Umgebung.

Der neue Bahnhof Teufen mit Blick auf den Säntis.

Bühler 824 m ü.M., liegt in einer langen Talulde im Rotbachtal. Nach drei Seiten ist es umgeben von sanft ansteigenden Hügeln mit saftigen Wiesen und nach Harz duftenden Tannenwäldern. Der Rotbach ermöglichte die Ansiedlung verschiedener Fabriken. Bühler ist ein typisches Straßendorf.

Ortsdurchfahrt Bühler mit dem Stationsgebäude vor dem zweiten Weltkrieg.

Stationsgebäude Bühler mit dem neuen Triebwagen Nr. 8 um 1959.

Zug der SGA mit Triebwagen Nr. 1 auf der Fahrt nach St. Gallen im Bahnhof Bühler nach dem Umbau. Die Gleisanlage wurde auf die andere Bahnhofsseite verlegt. Die Rückseite wurde zur Vorderseite.

H. Federer fährt fort:

*"Jetzt geht es eine letzte steile Rampe empor.
windet sich das Bähnlein mit seiner treuen Be
rin, der Landstrasse, noch zwischen Abhang un
bach hindurch. Kein grosses Wunder, tut der F
unten dennoch entsetzlich wichtig mit seinen po
nen Untiefen und einigen ellenhohen Wasserfä
Wo es am engsten wird, da weichen auf einr
Abhänge auseinander, ein grünes Hochtal tut si
und näher und schöner als je starrt im Hintergr
gesamte Alpsteingebirge wie eine Königsfami
dem Throne mir entgegen, Felsen sind der Sitz,
ge Hügel die Stufen, und der grüne Sammet des
bildet den weichen Fussteppich dieser Majestä
Zuerst fahren wir zwischen den Häusern von
brücken. Das ist eine Vorstadt von Gais, wie si
don und New York ja auch haben. Aber schon e
ken wir links an der Lehne des Gäbris die Haup
das grosse Dorf Gais mit seinem schlanken
turmhelm, seinen vornehm geschweiften Häus
beln, seinem Schulpalast, seinen Armen-, Kra
und Waisenanstalten, Gais mit seinen süssen Ko
rien, seinem Bachgemurmel allenthalben, Ga
seinem Klausenbühl, seiner Hohegg, seinem
wäldchen und seinem teuersten Hügel, der R
mit dem stattlichen, breiten, schier hundertfens
Herrenhaus und der Doktorvilla darauf."*

Die SGA vor Zweibrücken.

Personenzug der SGA in Zweibrücken.

Pendelzug der SGA in Stralholz

Bahnhof Gais im Juni 1977. In Gleis 1 steht TW7 mit B 122 abfahrtbereit nach Altstätten, in Gleis 2 steht TW4 mit Personenzug nach St. Gallen, in Gleis 4 Triebwagen 8 mit Personenzug nach Appenzell, in Gleis 5 steht Triebwagen 2 mit Personenzug, ebenfalls nach St. Gallen bestimmt.

Bahnhof Gais. In Gleis 1 läuft Triebwage
Nr. 4 mit Personenzug aus St. Gallen ein. I
Gleis 3 steht Triebwagen 17 der ehemalige
AG mit drei Beiwagen.

Gais, 950 bis 1200 m ü.M., hat etwa 2400 Ein
wohner, und ist das oberste Dorf im Rotbach
tal und liegt in einer weiten Mulde am Süd
westfuß des Gäbris (1254 m). Der Fremden
verkehr begann in Gais, das alle klimatische
Vorzüge die sonst dem Hochgebirge nur ei
gen sind, das stärkere Licht und die dünnere
sauerstoffreichere Luft, schon um die Mitt
des 18. Jahrhunderts. Weit über die Landes
grenzen hinaus wurde Gais als Molkenkuror
berühmt. Heute gehört die Klinik für medizi
nische Rehabilitation, die im Jahre 1959 ihre
Betrieb aufnahm, mit zu den größten Kurbe
trieben im Kanton. In der Starkenmühle a
der Straße nach Altstätten ist ein Sportzen
trum entstanden. Neben einer Reithalle is
dort die Skiwanderschule beheimatet. Im Ge
biet Starkenmühle - Hirschberg - Sammel
platz verlaufen etwa 25 Kilometer Langlauf
Loipen. Besondere Attraktionen sind die bi
abends 10 Uhr beleuchteten Nachtloipen be
der Starkenmühle und beim Sammelplatz
Neben den gespurten Loipen stehen dem Ski
wanderer noch viele Möglichkeiten offen. Im
Ortszentrum von Gais gruppieren sich die
charakteristischen Giebelhäuser um den gro
ßen Dorfplatz mit seinem Dorfbrunnen. Vor
der Kirche genießt man auf schöner Schat
tenterasse die prachtvolle Aussicht in das
Alpsteingebirge.

Bahnhof Gais.

Bahnhof Gais mit einlaufendem Zug aus Appenzell. In Gleis 1 steht der Triebwagen von
Altstätten

Der Triebwagen von Altstätten läuft in Gais ein

Sonderzug mit den SGA-Triebwagen 7 und 3, sowie den Personenwagen 72, 71 und 52 auf der Stosswallfahrt zwischen Gais und Stoss am 17. Mai 1981.

Triebwagen Xe 2/3 Nr. 17 + B² 23 + Ek 206 am 18. April 1981 in Rietli

SGA-Triebwagen Nr. 7 hat die Stoss-Paßhöhe erreicht. Nur noch wenige Meter, und die Zahnstangenstrecke ist zu Ende.

9488 Stoss bei Gais App.

Triebwagen der AG am Stoß. Links die Stosskapelle zu der alljährlich die Innerrhoder pilgern.

Personenzug der SGA von Altstätten nähert sich dem Stoss. Im Hintergrund das Rheintal und die österreichischen Alpen.

Personenzug Altstätten - Gais taucht unterhalb Warmesberg aus dem Nebel auf.

Personenzug Altstätten - Gais unterhalb der Kreuzstraße. Das Rheintal im Hintergrund liegt noch im Herbstnebel.

Personenzug der SGA aus Triebwagen 8 und Beiwagen 121 + 122 am
9. Mai 1981 unterhalb der Kreuzstraße.

Triebwagen 7 mit Personenzug nähert sich an einem sonnigen Früh-
lingstag Altstätten in der Nähe des Alten Zoll.

Altstätten im Rheintal

Fahrzeuge der alten AG im neuen Bahnhof Altstätten Stadt

Triebwagen 8 auf der Fahrt durch Altstätten vor dem Rathaus und der Post. Links das Gleis der Rheintalischen Verkehrsbetriebe über das der Posttriebwagen die Post versorgte.

Altstätten, in der zweiten Hälfte des 13. Jahrhunderts vom Abt Berchtold von Falkenstein zur Stadt erhoben, erhielt unter Kaiser Sigismund das Marktrecht. Im 17. und 18. Jahrhundert entwickelte sich die Stadt vorwiegend wegen des Aufkommens der Leinwandindustrie. Sie führte zu einer wirtschaftlichen Hochblüte, die ihren Niederschlag in den noch heute auffallenden Häuserbauten fand. Altstätten besitzt nicht nur ein verbrieftes Recht auf Wochenmärkte - ebenso berühmt sind seine großen Jahrmärkte, z.B. der Lichtmess-Markt, der Mai-Markt, die Augste-Chilbi und der Klaus-Markt.

Folgende Seite: Ortsdurchfahrt von Triebwagen 4 der AG

Triebwagen 6 auf der Fahrt von Altstätten Stadt nach Altstätten SBB.

Bahnhof Altstätten SBB. Am letzten Betriebstag der Rheintalischen Verkehrsbetriebe: Triebwagen Nr. 8 steht abfahrbereit nach Gais

Ein Langläufer hat die Brücke mit dem Personenzug nach St. Gallen kurz vor Gais unterquert.

Personenzug nach St. Gallen kurz vor Gais im Dezember 1976. Im Hintergrund das Alpsteinmassiv mit dem Säntis.

Personenzug nach St. Gallen mit Rollma
der Dampfbahn um 1931 vor Sammelpl

Der Personenzug nach Appenzell fährt i
Zahnstangenstrecke zwischen Sammel
und Appenzell ein.

SGA-Zug nach Appenzell. Im Hintergr
das Alpsteinmassiv mit dem Säntis

SGA-Zug aus ABDeh 4/4 Nr. 4 +B^2 118 +126, +Gk 206 +202, +Ek 307 am 9. Mai 1981 zwischen Hirschberg und Sammelplatz. Im Hintergrund das Alpsteinmassiv.

Triebwagen Nr. 3 mit Personenzug nach St. Gallen auf dem Zahnstangenabschnitt am Hirschberg.

Der stählerne Überbau der Sitter-Brücke der SGA in Appenzell   Der Viaduktteil der Sitter-Brücke in Appenzell

11689 Appenzell mit Elektr. Bahn
St. Gallen - Gais - Appenzell

Appenzell mit Sitter-Brücke

Bahnhof Appenzell mit zwei Zügen der Appenzellerbahn im Hintergrund, dem Rangiertraktor der AB links und abfahrbereitem Zug nach St. Gallen der SGA rechts.

Bodensee-Toggenburg-Bahn

Die schnelle Verbindung von St. Gallen über Herisau nach Degersheim stellt die BT her, hier mit einem Personenzug aus der Anfangszeit der Elektrifizierung auf dem Glattal-Viadukt.

Postdienste in Mittelland und Hinterland

Herisau, 771 m ü.M., hat rund 16000 Einwohner und ist der Hauptort von Ausserrhoden. Herisau ist Sitz der Regierung und der Verwaltung von Appenzell A.Rh. Im Regierungsgebäude am Obstmarkt tagt jeweils auch der Kantonsrat. Der verfassungsmäßige Hauptort Ausserrhodens ist jedoch Trogen. Besonders sehenswert ist die unter Denkmalschutz stehende protestantische Kirche am Platz, die wohlerhaltenen Patrizierhäuser sowie das Regierungsgebäude am Obstmarkt im Zentrum des Dorfes. Die evangelische Kirche wurde 516 bis 520 durch Meister Lorenz aus Konstanz, mit schönem dreiseitig geschlossenem Chor, reich stuckiert. Im Turm, der vermutlich aus dem 11. Jahrhundert stammt, hängt seit 1807 eine prachtvolle Glocke aus dem Kloster Salem. Neben dem alten Rathaus von 1828, verschiedenen besonders schönen Häusern, wie "Haus Wetter", "Haus Baumgarten", "Haus zur Rose" oder das Walsersche Doppelhaus von 1779, dem Regierungs- und Kantonalbankgebäude am Obstmarkt sind die Burgruinen Rosenberg umd Ramsenburg besichtigungswerte Orte. Sehenswert sind auch die schönen alten Holzhäuser an der Schmiedgasse, an der Oberen Bachstraße und im Spittel. Am Rand der Gemeinde gelegen sind die gedeckten Holzbrücken mit spruchverzierten Firstbalken im Kubel-, im Hundwilertobel- und im Weissenbach Tobel.
Für den Sportler steht seit 1954 die Sportanlage Ebnet, das Freiluftschwimmbad Sonnenberg sowie ein großzügiger Tennisplatz zur Verfügung. Auf der Stierweid ist eine Langlaufloipe angeordnet. Bibliotheken, Museen aber auch Ausstellungen und Konzerte werden dem Gast von Herisau angeboten.

Schwellbrunn, 966 m ü.M., liegt auf einem schönen sonnigen Berggrat. Schwellbrunn ist das höchstgelegene Dorf des Appenzeller Landes. Hier hat man das Alpsteingebirge in seiner wuchtigsten Erhabenheit vor sich. Eine einzige Straße führt durch das Dorf und manchmal ist der Grat so schmal, daß nur noch auf einer Seite eine Reihe der meist typischen Appenzeller Häuser Platz gefunden hat. Für Sportbegeisterte steht im Winter ein erschlossenes Skigebiet mit zwei Ski- und einem Verbindungslift zur Verfügung. Auch eine Langlaufloipe in Dorfnähe ist vorhanden.

Der Postbus ist in Schwellbrunn eingetroffen.

Am Bahnhof Herisau treffen nicht nur die Bodensee - Toggenburg Bahn und die Appenzeller Bahn zusammen sondern auch die Omnibusse der Post nach Schwellbrunn und Richtung Teufen bzw. St. Gallen und die Omnibusse des Verkehrsbetriebes Herisau.

*Gasthaus zum Scheidwe[g]
Woljenswil, Herisau
Besitzer J. MÜLLER
Post und Telephon*

Vor dem Gasthaus "Zum Scheidweg" steht die Postkutsche für die Fahrt ins Appenzelle[r] Land.

Postauto in Hundwil

Postauto auf der neuen Hundwiler Tobelbrücke

Hundwil, 788 m ü.M., zieht sich vom Tobe[l] der Urnäsch bis hinauf auf den Säntisgipfel. Der Ort ist bekannt als Landsgemeindeort. Die ausserrhoder Männer wickeln auf dem Platz neben der Kirche jeweils am letzten Aprilsonntag der Jahre mit ungerader Jahreszahl die Landsgemeindegeschäfte ab. Vielseitige Wandermöglichkeiten aber auch das Flußtobel der Urnäsch mit der "sprechenden" Grubenmann-Brücke, den Wassermühlen und den Teufelsmauern erfreuen immer wieder die Wanderer. Im Winter bietet das voralpine Hügelgelände ideale Voraussetzungen zum Skiwandern und Langlauf.

Aus dem Postbus wird am Bahnhof Waldstatt die Post von Schönengrund ausgeladen.

Postbus in Waldstatt mit Säntis-Massiv

In Waldstatt

Das neue Postgebäude in Schönengrund

Vorherige Seite: Postbus von der Schwägalp auf der Fahrt nach Urnäsch in der Nähe des Rossfall

Busse vor dem Gasthaus "z. Bahnhof" vor dem zweiten Weltkrieg
stehen fahrbereit Richtung Rossfall

Touristen warten am "Stern" in Urnäsch auf den Postbus zur Schwägalp

Appenzellerbahn

Triebwagen BDe 4/4 Nr. 47 und ABt 61 + B stehen am 3. März 1974 abfahrbereit in Gossau

BDe 4/4 Nr. 46 mit Steuerwagen und Güterwagen steht abfahrbereit im Bahnhof Herisau

Gossau, 640 m ü.M., hat etwa 14 500 Einwohner. Stattliche Giebelhäuser sowie die seit dem Jahrtausend in Dorfmitte stehende katholische Kirche und das Schloß Oberberg sind der bauliche Mittelpunkt der Gemeinde. Für den Sportler stehen Frei- und Hallenbad, Wander- und Reitwege sowie Tennisplätze zur Verfügung.

Die beiden Dieseltriebwagen Nr. 25 und Nr. 26 im Bahnhof Herisau

Elektrischer Zug der Appenzeller Bahn kurz nach Aufnahme des elektrischen Betriebes im Bahnhof Herisau.

Ein Pendelzug nähert sich dem Bahnhof Herisau, im Hintergrund das Säntismassiv

Herisau

Personenzug der Appenzeller Bahn bei Waldstatt

Waldstatt, 820 m ü.M., liegt am Fuße eines gegen die Nordwinde schützenden Hügelrückens, genannt Geißhalde. Waldstatt bietet einen herrlichen Blick auf den nahen Alpstein. Gute Wanderwege führen zu lohnenden Ausflugszielen. Ein geheiztes Freibad reizt zur Erfrischung. Von Waldstatt bis Schönengrund und nach St. Peterszell erstreckt sich eine 25 km lange Doppelspurloipe. Im Schönengrund ist das Langlaufzentrum mit Umkleidemöglichkeit, Dusche und Wachsraum.

Folgende Seite: Zug der Appenzeller Bahn auf der Fahrt Richtung Waldstatt. Im Hintergrund die Hundwiler Höhe.

Holz ist ein wichtiger Wirtschaftsfaktor im
Appenzeller Land. Pendelzug von Herisau
nach Appenzell vor Waldstatt.

Die Firma Buff & Co. ließ vor der Jahrhundertwende ihre Produktionsstätten in diese
Landschaftsaufnahme hineinkomponieren.
Der Dampfzug durfte weder in Waldstatt
(links) noch in Zürchersmühl (rechts) feh-
len.

Te 2/2 Nr. 49 mit Güter-Extrazug unterhalb
Sulzbrunn am 20. Juni 1981

Erster Rollbockzug der Appenzeller Bahn
am 2. Mai 1978 unterhalb Sulzbrunn

Bahnhof Urnäsch 1958

Zug der Appenzeller Bahn bei der katholischen Kirche in Zürchersmühle. Im Hintergrund Petersalp und Spitzli

Der illustrierte Führer "Durch's Appenzellerland", herausgegeben vom Verband Appenzellischer Verkehrsvereine 1923, schreibt: *"Mit der Appenzellerbahn gelangen wir von Waldstatt aus in 15 Min. nach Urnäsch (heute dauert diese Reise nur noch 8 Min.). In seiner vollen Majestät grüßt der Säntis herab und ein wunderbarer Anblick im Süden fesselt das Auge, denn ein Voralpengebiet und eine Bergkette liegt vor uns, die ihresgleichen wenig hat (Hundwiler Höhe, Kronberg, Petersalp, Spitzli, Oehrli, Säntis, Grenzkopf, Gamskopf und Silberplatte).*

Am Moorbach in Sayen und Zürchersmühle eröffnen sich kurze Einblicke in die romantische Schlucht des Urnäschtobels mit malerischen Partien."

Zug Richtung Herisau bei Zürchersmühle

Triebwagen 44 mit Personenzug im Bahnhof Urnäsch

...of Urnäsch nach dem Erweiterungs-
... PTT

...sch, 850 bis 1500 m ü.M., 2280 Ein-
...r, gehört zum Bezirk Hinterland und
... flächenmäßig größte Gemeinde des
...ns. Es ist ein langgezogenes Dorf mit
...ebieten Dorf, Zürchersmühle und Tal,
...ß Urnäsch gelegen, zwischen leicht an-
...den Weiden mit einzelnen verstreuten
... Auf dem Dorfplatz bei der Kirche und
...ereich Tal finden sich blumenge-
...ckte Häuser mit schmucken Wirts-
...hildern. Am nördlichen Rand des
...atzes steht das aus dem 16. Jahrhun-
...ammende Holzhaus, welches das Mu-
...ür Appenzeller Brauchtum beherbergt.
... naturverbundenen Wanderer bieten
...zählige Möglichkeiten, dank eines gro-
...nd weitläufigen, markierten Wander-
...etzes. Im Winter findet der Gast ver-
...ene Skilifte und weitläufige Langlau-
... sowohl im Tal als auch auf der Höhe
... Schönau.

...ch ist die Hüterin altbäuerlicher Tradi-
..., wie das Silvesterklausen, der Blo-
...zug, die Alpfahrten mit den Sennenfe-

... und Brückenbauarbeiten in Urnäsch

...ieseltriebwagen der Appenzellerbahn
...er Eisenbahnfreunde-Sonderfahrt im
...r 1982.

Durch schneebedeckte Hänge fährt der Personenzug nach Appenzell

Dr. Otto Henne am Rhyn (a.a.O.) schreibt um 1895:
"Mittels einer kühnen Kurve dringt die Bahn von Urnäsch in das Thal des Kronbachs ein, welches sich zwischen der Hundwiler Höhe (links) und dem ziemlich einförmigen Kronberg (1640 m) bis Hintergonten hinaufzieht. Erst ist das Thal so eng und die Bahn windet sich mühsam neben dem wild in der Tiefe unten schäumen-

den Bache hinan, bis sie endlich in den höheren, breitern ebenen Teil des Thales tritt - eine lieblich grüne, doch hie und da mit Torfmooren abwechselnde kleine Hochebene. Hier liegt in einem idyllischen Erdenwinkel, gegen den Nordwind geschützt, das Jakobsbad, schräg gegenüber das stille, malerisch die Gegend schmückende Frauenkloster 'Leiden Christi'. "

Zug der Appenzellerbahn am Frauenkloster "Leiden CHristi"

Vorherige Seite: Zug der AB auf dem G
ner Hochplateau. Im Hintergrund is
Kronberg zu erkennen und auf seinem "
schähnlichen" Rücken erkennt man di
pelle zu Ehren des Hl. St. Jakobus des
ren, der nicht nur in Spanien als Nation
liger verehrt wird, sondern auch Senn
tron ist.

Herbststimmung bei Gonten

Gonten

Gonten, 904 m ü.M., ist ein freundl
stattlich aufblühendes Dorf auf dem Hoc
teau. 1863/65 erhielt es die heutige Ki
doch sind noch viele ältere Häuser vo
den. Es ist Ausgangspunkt für Wanderu
auf den Kronberg und die Hundwiler
und hat ein Langlaufzentrum. Ausged
Loipen auf dem Hochplateau werden
mäßig gepflegt.

Dampfzug am Kurhaus Gontenbad

Dr. Otto Henne am Rhyn schreibt:
Wieder sieben Minuten Bahnfahrt und der Zug
beim Gontenbad (heute fährt der Zug drei Minu
Die Wasserscheide zwischen Urnäsch und Sitt
überschritten und statt des Kronbachs hört man
Kaubach brausen. Das Bad Gonten (884 m)
fast genau in der Mitte zwischen den Dörfern G
und Appenzell - von jedem eine halbe Stunde entf
in milder Lage und schönem Anblicke des Geb
Seine stark eisenhaltigen Quellen (das Eisen is
kohlensaures Eisenoxydol vorhanden) werden
Trinkkuren, häufiger aber zu Wannen-, Dampf-
Duschbädern empfohlen, und zwar hauptsächlic
gen Blutarmut und Rheumatismen. Auch werden
den Badekuren häufig Molken- sowie Ziegen-
Kuhmilchkuren verbunden.

Von Gontenbad weg überschreitet die Bahn auf
kühnen, 88 m langen und 30 m hohen Eisenbahn
ke, deren Bau die Vollendung ihres letzten Stückes
zögerte, den Kaubach und Seintobel und steigt
allmählich in schöner Kurve nach Appenzell hin

Die eiserne Kaubachbrücke mit Dampf-, Diesel- und Elektrotraktion. Vor Aufnahme des Rollbockverkehrs wurde die Kaubachbrücke als

Spannbetonbrücke erneuert. Hier kreuzt der historische Dampfzug der AB die neue Brücke.

7899 Appenzeller Bahn Gossau-Herisau-Appenzell. Kaubachtobelbrücke.

Pendelzug auf der Fahrt nach Appenzel[...]
Hintergrund der Hohe Hirschberg.

Triebwagen der SGA Nr. 8 mit Militärpf[...]
und Extrazug zwischen Appenzell und [...]
tenbad am 23. April 1979. Der Zug be[...]
ausschließlich aus SGA-Material. Im Hi[...]
grund Appenzell, rechts der Hohe Hi[...]
berg, links in der Ferne die Österreiche[...]
pen.

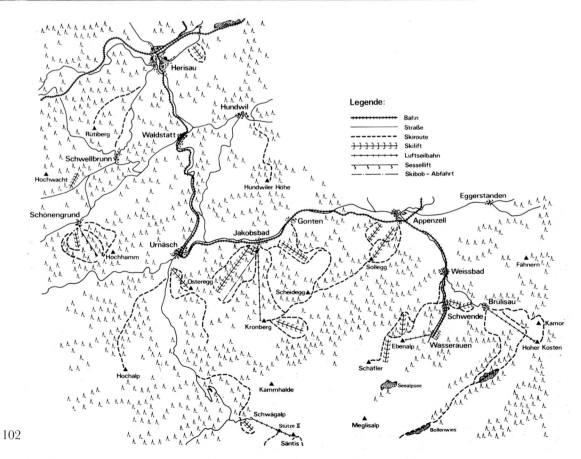

...fahrender Pendelzug der Appenzeller
...hnen in Appenzell

...storischer Dampfzug im Bahnhof Appen-

...penzell, 781 m ü.M., etwa 5000 Einwoh-
..., ist der Hauptort des Kantons Appenzell-
...nerrhoden. Die Kirche, 1826 neu gebaut,
...r der Turm und der Chor sind älter, sowie
...s Rathaus mit dem altertümlichen Groß-
...ssaale sowie das Schloß gehören zu den be-
...utendsten Steinbauten in Appenzell. Das
...61 wieder aufgebaute Rathaus, ein spätgo-
...cher Bau, zeigt an der Fassade zur Haupt-
...sse hin ein Relief für Ueli Rotach, den Hel-
...n in der Schlacht am Stoss sowie ein Fresko
...s dem Jahre 1928, den Auszug der Appen-
...ller und die Heimkehr vom Sieg am Stoss
...wie die Landsgemeinde darstellend. Beson-
...rs schmuck sind die zahlreichen Bürger-
...user, hier insbesondere die reichbemalten
...achtbauten an der Hauptgasse, malerische
...olzbauten über steinernem Erdgeschoß mit
...schweiften barocken Giebeln, z.B. das
...Kreuz", der "Raben" oder die Drogerie Do-
...er mit den Fassadenmalereien von Johann
...ugentobler von 1932. In Appenzell ist das
...eimatmuseum sowie Retonio's Mechani-
...hes Musikmuseum zu bewundern.

Fahrzeugparade im Bahnhof Appenzell von Appenzeller Bahn und St. Gallen - Gais - Appenzell -Altstätten Bahn: BDe 4/4 46+AB Nr. 61 (AB), ABDm 2/4 56 (AB), BDe 4/4 4 (AB), ABDeh 4/4 4 (SGA).

Einfahrt Appenzell von Gais und Wasserauen, kurz vor der Aufnahme des elektrischen Betriebes der SGA.

Nochmals die Einfahrt in Appenzell von Gais und Wasserauen mit neuem Rollmaterial von SGA und AB.

Pendelzug der SGA mit Verstärkungswagen zwischen Steuer- und Triebwagen von Appenzell nach Gais.

Pendelzug der Appenzeller Bahn mit Verstärkungsbeiwagen zwischen Weissbad und Steinegg.

Zug der Säntisbahn in Schwende

Zwei Züge der Säntisbahn in der Station Weissbad

Pendelzug der AB hinter Schwende auf der Fahrt nach Wasserauen

Wasserauen, Endstation der Säntisbahn

Bahnhof Wasserauen zur Zeit der Säntisbahn

Personenzug aus Appenzell rangiert in Wasserauen

Schnellzug nach St. Gallen mit altem Rollmaterial steht abfahrbereit in Wasserauen

107

Das Schwendetal gegen Wasserauen mit dem Alpsteingebirge

Der sonntägliche Schnellzug von Wasserauen über Appenzell - Gais nach St. Gallen nähert sich Schwende

Folgende Seite:
Bahnhof Wasserauen mit AB-Personenzug vor dem winterlichen Alpsteinmassiv.

Luftseilbahn Wasserauen-Ebenalp

Bergstation der Ebenalpbahn. Im Hintergrund der Hohe Hirschberg

Das Gasthaus Aescher schmiegt sich an die steile Felsenwand dicht beim Wildkirchli

Der Weg zum Wildkirchli mit Ebenalpbahn

Ebenalpbahn nit Blick auf den Hohen Hirschberg und zu den österreichischen Bergen

Ebenalp (1644 m). Wasserauen ist der Ausgangspunkt der Ebenalpbahn, die in sieben Minuten Fahrt über die Zwischenstation Alp Bommen (1280 m) direkt auf die hochgelegene Sonnenterrasse Ebenalp führt, eines der schönsten Skigebiete des Alpsteins.

Vor dem ausgedehnten Hochplateau mit ihrer reichen Alpenflora besteht eine unvergleichliche Rundsicht über das sanktgallische und thurgauische Hügelland und die Bodensee-Gegend sowie west- und südwärts auf das malerische Panorama der Alpsteinkette.

Im Winter bietet das schneesichere Skigelände der Ebenalp dem Könner und Anfänger herrliche Abfahrten, die durch die ergänzenden Lifte eine große Vielseitigkeit bieten.

Nach nur wenigen Minuten Abstieg erreicht man die Wildkirchli-Höhlen, die inmitten der Südostwand des Ebenalpstocks liegen.

In der unteren der beiden Höhlen steht das Kapellentürmchen und ein Blockhäuschen. Im Hintergrund des von dem Kalkfelsen überwölbten Raumes steht der aus rohen Steinblöcken gefügte Altar mit einem hölzernen Rokokoretabel und einem von dem Kunstmaler Johannes Hugentobler 1935 geschaffenen Baldachin.

Das Retabel ist vom Innerrhoder Künstler Franz Xaver Magnus Sutter 1785 gemalt.

Bergwege Säntisgebiet

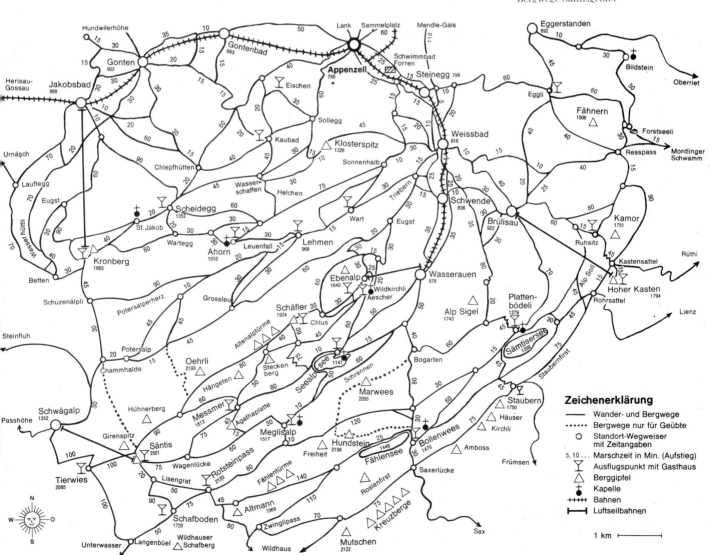

Zeichenerklärung

——	Wander- und Bergwege
····	Bergwege nur für Geübte
○	Standort-Wegweiser mit Zeitangaben
5, 10 ...	Marschzeit in Min. (Aufstieg)
⏃	Ausflugspunkt mit Gasthaus
△	Berggipfel
●	Kapelle
+++++	Bahnen
⊢——⊣	Luftseilbahnen

1 km

Der Hohe Kasten mit der Seilbahn

Luftseilbahn Brülisau-Hoher Kasten

◄ Fählensee mit Altmann

Blick vom "geologischen Wanderweg" auf den Hohen Kasten und den Kamor

Brülisau, 922 m ü.M., ist der Ausgangspunkt der Luftseilbahn auf den Hohen Kasten. Im Ort dominiert die Pfarrkirche, deren Schutzpatron der heilige Sebastian ist.

Die Schönheit der Landschaft erschließt sich dem mit guten Wanderschuhen ausgerüsteten Bergfreund und Urlaubsgast in einmaliger Weise bei einer Bergwanderung vom Hohen Kasten über die Staubern zur Saxerlücke oder aber über Kamor - Resspass und Forstseeli - Eggli zurück nach Brülisau.

Talstation der Luftseilbahn auf den Hohen Kasten mit ausfahrender Kabine

Über weite Wiesen verläuft die Luftseilbahn zum Hohen Kasten.

Blick vom geologischen Wanderweg Richtung Kreuzberge, Altmann und Säntis

Luftseilbahn Jakobsbad-Kronberg

Über die grüne Terrasse des Appenzeller Landes reicht der Blick vom **Kronberg** bis zum Bodensee-Drei-Ländereck und den Österreichischen Bergen, aber auch gegen Südwesten zu den Schweizer Alpen. Im Sommer bietet der Kronberg ungefährliche Wandermöglichkeiten in alle Himmelsrichtungen. Im Winter ist er erschlossen neben der Luftseilbahn durch zwei Lifte auf der Höhe des Kronbergs sowie den 1255 m langen, 282 m Höhe überwindenden Skilift vom Jakobsbad auf die Lauftegg. Der Übungslift Bömmeli sowie der Skilift Alpsteinblick ergänzen die Anlagen. Die Tallifte sind durch die Appenzeller Bahn miteinander verbunden.

Talstation der Kronbergbahn

Blick vom Kronberg auf die Kronbergbahn, Hundwiler Höhe, Appenzeller Land und Bodensee

Säntis-Schwebebahn

Der **Säntis** überragt mit 2504 m Höhe al
ne Nachbarn und eröffnet damit dem
cher eine Rundsicht von einmaliger V
und Großartigkeit.
Der Wanderer kann den Säntis von
Schwägalp über die Tierwies in etwa
Stunden, von Wasserauen aus über vers
dene Wege in etwa 5 bis 6 Stunden erste

In einer kalten Frühsommernacht wu
der Säntis und das Spitzli vom Schnee ü
zogen. In der Schönau stehen Wiesen
Bäume im satten Grün.

Auf der Fahrt zum Säntisgipfel weitet sich
Blick über die Churfirsten bis zum Tödi
die Berge der Zentralschweiz.

Talstation Schwägalp mit Säntis im Hintergrund

Sonnenuntergang über der Zentralschweiz und den Berner Alpen

Sesselbahn Schönengrund - Hochhamm

Die 25 Kilometer lange Langlauf-Doppelspur-Loipe nähert sich Schönengrund

Mühelos schwebt der Skiläufer auf den 1211 m hohen Hochhamm, um von dort auf leichter und mittelschwerer Piste ins Tal zu fahren.

Die Gemeinden **Schönengrund (A.RH.) - Wald (S.G.)**, auf 836 m ü.M. liegend, sind Ausgangspunkt der Sesselbahn auf den Hochhamm. Am Bergrestaurant hat man einen prächtigen Blick vom Bodensee über das Säntisgebiet bis tief in die Berge der Zentralschweiz. Viele schöne lohnende Wanderungen in alle Richtungen lassen diesen am Westrand der Kantonsgrenze Ausserrhodens gelegenen Ort zu einem erlebnisreichen Ferienort werden.